這輩子，演得最好的是自己

金鐘影后王琄開啟人生第三幕的32道幽默守則

王琄・著

前言

戲劇人生佔我人生比例三分之二，經常被問：你生活中一定也很會演吧！年輕時聽到這句話會氣得噗噗跳，心想：「怎麼可以這麼沒禮貌，汙辱我的專業」、「生活中我從來不演，我只是認真過生活」、「看看社會事件的驚悚度，比任何劇本都厲害吧！」愈長大，愈明白，一切都是戲，都是角色，充滿扮演，只是自己知不知道而已，知道的叫「演員」，不知道的叫「瘋子」；曾經有一位大師說：「整個地球就是個精神病院，分別在於自覺知道與不知道而已」，我當時讀到這句話時，立刻與莎士比亞《皆大歡喜》的台詞：世界就是個舞台，所有的男男女女不過是一些演員，他們都有下場、上場的時候，一個人的一生中，扮演著好幾個角色。演戲的是瘋子而看戲的則是傻子吧！因為入戲而瘋、而癡、而迷，因看戲入迷而傻、而癲、而狂吧！

人生既然如戲，不如將大戲扮演好，成為那個最佳主角，而戲中那個精彩角色可能是要受苦受折磨才能凸顯演技，才能令人讚嘆演技，才能獲得榮耀！而人生角色呢？平淡無奇的一生，肯定無聊像路人甲、乙、丙、丁，而如何讓自己的人生精彩，就必須找同台演出的演員成為對戲的高手，如此才能真正入戲，體驗痛徹心腑、難以忘懷、印象深刻的劇本所創造的劇情。

而人生的第三幕即將開啟的我，現在回頭看第一幕是原生家庭的家庭倫理劇，接著第二幕是職場求生錄、婆媳肥皂劇或是夫妻世界的愛恨情仇等情感糾結剪不斷理還亂的喋血劇本。

到此時，人困情疲的中年，似乎對太刺激的劇情追求，也不再那麼強烈需要，一種淡出舞台中央的心情萌芽了，似乎對於「也無風雨也無晴」的第三幕人生，有著渴望吧！

創作新文本是人生第三幕，我需要去做的。

有夢就追，想做就行動，這是開始。從書寫出發，讓自己的可以活跳跳的日子，有著屬於自己的自主意識的行動與足跡，可以像電影《一路玩到掛》那般的全然盡興！

邀請正在此刻當下的你，一起玩！

目次

01 英雌之旅

富燒香是個必然要發生的事。

不知從何時開始，每天早上會點一炷香，成為開啟一天的儀式。而這香不是點燃在神明祖先廳堂，也不是在家門或廟口，而是書桌前的香案上。裊裊青煙冉冉升起。菩薩寺所製的仁青藥香（有德自然香），果真香味淡雅醒腦呀，心中充滿著富有感！

窮算命的日子，不知經驗過了多少年月。

忙忙碌碌的工作，走南闖北的演出，是我習以為常的日常，心中的慌張感不時會浮現，這樣的日子似浮萍，漂來盪去數十載，少小離家心不驚，心中放著我可以戰勝鄉愁。殊不知，這份孤寂感是龐大且嚇人的，微微不安累積成對生命無法安放於何處的飄泊感，而顯化出的現象是「找自己」。

做自己一直是人生強烈的課題。

考入藝術大學就是離家的號角，這號角一吹起，反叛與背離的戲碼就上演了。想要做自己，就必須先把自己先搞丟；丟掉了那個快要定型、定性的自己，重塑一個自以為的「我」，全新的「自己」。

離家後，自由的全然感，反而不知所措。想活出自己的樣貌是當時同班同學們在老師殷殷期盼下，開始剝落，一層又一層的原生家庭所給予的成長經歷，每剝一層，痛一次，血流成印痕，待傷口癒合再來一次，反覆後，明白這些都是創作的可能，可以美好的善用它。（想想有些變態。）

有故事的同學是幸運的，因為有故事；而沒有故事的同學

（例如我），就要創造故事、找故事，讓自己成為有故事的人，縱使遍體鱗傷，就是無法平淡無奇的走完學習的歷程。

那時只想問：為什麼我沒有痛苦的原生家庭？為什麼父親負責任？母親會操持家務？兄弟姐妹各自安好？為什麼？為什麼？為什麼？於是，我便在自己身上造一點事情吧！算個命，看看自己的人生有沒有波瀾？

算命是一條尋找自己的路。

在一次朋友的聚會上，酒酣耳熱後，便要求在座的星座解盤高手，為在座的女性單身朋友們，看看桃花何時開？開在哪個地方？為何不開？（人過中年仍單身，在乎的事情只有愛情啦！）酒過三巡，人的話語直白且嚇人。「關於妳的愛情，品味太奇怪，專找一些別人不敢碰的……」沒聽清楚他後面的話語，腦迴路立刻在記憶中翻箱倒櫃，真的？都是不敢碰、不能碰的。而且，都是他們自己吸上來的？還是不夠挑戰，本人根本沒勁兒？強度不夠是無法入眼的？終於解開自己在愛情上的迷惑點！

愛情都是星盤惹的禍。

紫微斗數，八字四柱也是我在最低谷困頓時會去求教的方式，在諮商、心衛尚未進入我的認知領域時，我像極了老派婦人的求神問卜，暫時問不到光明前程，但求保住平安。曾經詢問老師時，他說：「妳現在正在十年大運前四年，再忍忍，四年過後，十年大運到，妳就飛黃騰達了！」這款安慰劑要吃四年呀！也有遇到：妳現在正在十年大運第五年，要好好把握接下來的大運年，提前部署好，等低潮的時期就不怕了！四柱老師也說過，你父母把你生的年月時辰是相生而非相剋，衣食無缺，不用擔心。現在看來，我還能寫字成冊，分享給讀文字的你，老師們肯定都對，也都不對！對，是我平安，不對，是我也有努力好好過生活呀！

我接受老師給的正向指引，例如：這個命盤看來是個美女，挑戰會成功，出外有財，好在工作是表演，貪狼放對位置，不然爛桃花很麻煩。

最近讀到一本書《雜訊》，對於判斷失準或是陷落至自我價值批判，是與事實不符，是由許多雜訊所造成的影響，例如天氣好壞，溫濕度不同，太陽天或陰雨綿綿等等外在環境條件產生的訊息都會影響判斷。如果心中不安，有衝動想去找人解惑，或解生命的命盤之類，沐浴更衣後再決定吧！讓雜訊少一些，收到的建議會更準確。

繼續窮算命的日子。

找過靈媒看前世，也有找過法國的通靈師，說了一些大紅的閃亮亮高牆之類，也上過一些靈修課程，總覺得自己把自己搞丟了，想要找回散落一地的自己，我不斷地自問：「我是誰？」

「我在哪裡？」

「我為何而來？」（現在想想，這些都是表演課教的呀！）當時的自己深受震撼，自己從未深思為何來這兒！（地球）銀河宇宙如此浩瀚，渺小得連灰塵都不如的自己，降生在地球的寶島是為何？童年時，不時抬頭望向星空，那一望就像打通電話給遠方星河的家，告訴他們「我在地球玩一下，很快就回去了」。而童年的抬頭一望，就像長大離家想完成自我時，遇到挫折或挑戰時，抬頭望向遠方星空——家的感受，或許是星座大師可以解惑？人生迷之因——竟然與當時星座大師結為連理。

也不知是圖每天可以被解盤？還是誤解他人比自己更懂自己人生方向？結果生活真實面向是柴米油鹽五斗米，應對進退人際關係呀！沒有星盤，只有菜盤；沒有解說，只有推託！不為親人看盤是規則，尊重很重要，就簡單過日子吧！

天生想離家的叛逆神經又開始跳動。

婚姻中的那段時光，搞不定自己的感受，為什麼快樂不起來？非要弄個水落石出方肯罷手的個性，正好朋友邀請了一位印地安累世靈媒的女子，請她為自己催眠，看一下自己前世是誰？與前夫家的關係是什麼因緣？結果回到自己的前三世（且不論真假虛實），沒有出現任何蛛絲馬跡的因緣！心想，那就放心了，沒有負債需還的糾結（自己安慰自己，多正向）。

每一次算命或催眠，似乎都是一種拾回靈魂碎片的過程；原來自己把自己先撕碎（離家）後，才能走上了拾起拼貼的旅程。

再有一次朋友介紹一位諮商師，她擁有靈媒體質，我在好奇心驅使下就預約了。內在驅動力是：你能說出一朵花，不同於其他，我就付錢。見面時，她邀請我說故事，我就說了許多精彩的過程，尤其是對陌生人更大膽更多細節，但，諮商師突然開口要我停下來，我以為她靈媒體質發揮時刻到了，超級期待；可是，她卻說：為什麼自己的故事，卻都用「她」為起始語，而非「我」？為什麼你是自己生命故事的旁觀者而非參與者？為什麼切斷對事情的感受？為什麼害怕去感受？她一句一句問得我啞口無言。我心想：是不是我所有的感受都留給演出？放入角色了？生活中的自己，感受、情緒又在何處？藏在何方？我，決定付錢了。

結束整個過程，老師決定不收錢。這是什麼神邏輯？莫非她知道我的驅動力，還是她覺得我算了解自己？抑或是她的指導靈告訴她不能收？難道我也是靈異體質，與她同類？千萬個可能，千萬種答案，其實都是自己的揣測罷了。重點是：純聊天而已。

窮算命的日子持續了好長一段時間。

人對未知、對未來，不確定是最感不安與焦慮的。年少青春總覺得未來還很遙遠，不用思考未來，反正來了再說，兵來將擋的隨性，時間大把任我揮灑。而今，我已來到第三人生的當口，回頭整理青春，有無遺憾？

目光向前，勇敢直視所擁有健康美好的刻度，還有幾多？定睛一看，自己已到了富可燒香的狀態。內在平安豐盛，不再惶惶不安，因為明白來日幾多，要把握善用，因為明確而安心，這是多麼美妙的心境呀！

巨作《英雄的旅程》神話學大師坎伯，在家、離家、回家，三個歷程，也是每個人的人生旅程。而回家後，並不是飽食終日，無所事事（其實也是可行，只是不覺得這樣好無聊嗎？），而是可以在家小冒險、微創造與輕叛逆。

心境上豐盛、平安，就是富燒香。

02 老人言

「老人言」是多麼自然的就冒出來了？

在生活中，體驗多了，隨著生日的歲數增加，感悟似乎也多了。看著夏令營的孩子們，炸裂式的玩著各種「整人遊戲」，例如：誰是殺手。被殺的人要好好的，認真的，有創意的各種「死」法（當然是假死啦）！就會看到窒息的、被追的、中毒的、變喪屍的，各式翻滾爬跳加狂吼尖叫的樣貌——好青春、毫無忌憚。旁觀的我，有種被娛樂，以及似曾相識的既視感。

「忌諱」在年長之後特別多，忌諱「死亡」、忌諱「病兆」、忌放「不祥物」在家中，忌著充滿「暗示」的衣物；漸漸聽聞朋友生病消息，不願參加喪禮，好像有個「誰誰誰」站在陰暗處，手拿小本子點名打勾勾！

父親在世最後幾年最常掛在嘴上說的話是：「都是假的。」

「都是假的」，是父親的老人言。當時的我才正值壯年，將一切都當「真」，而且非常努力，全力以赴的生活。工作是生活的全部，朋友是情感的依託。

工作認真努力，不遲到，不早退，身體健康，保持創意，在家中也保持在工作中（可能職業是演員，隨時都處在觀察、體驗、感官記錄中？）而且也成為慣性；潛在的神經緊繃而不自知（難怪每月必須進廠保養、按摩放鬆呀！）每次累得像狗一樣到鬆筋整骨的放鬆所在，像極了夏令營的孩子們的各種

「死」相；修理身體過程中發出各種慘叫聲，貼合著遊戲時，孩子們發出的垂死掙扎求救聲。想到這兒，不禁莞爾。父親的老人言：都是假的，成為最佳印證。

禁忌也會隨歲月增長。

母親是受洗的天主教徒，但在兒女各自成家立業，鳥離巢時，她老人家開始參加進香團的社區活動。整理家中老照片時，一張張與鄰居媽媽們在香客大樓中的留影，她老人家滿臉虔誠地看著鏡頭，留下了當時內在的渴望，渴望出外孩子平安、工作順利；成家的子女們家庭和諧、子女乖巧。回程總會帶一些廟宇的好物，讓家平安。凡是阻礙平安的，都被歸放在「禁忌區」床底下、櫃深處藏著！那時，母親的渴望是全家大小都平安，她將自己的渴望深藏了。直到她在世的最後那段時光，母親每天禱告，為自己上教堂，為自己「一路好走」不受苦，祈求天主的垂憐。

母親離世後十年，父親才離開地球。

父親是個無神論者，二戰中從死人堆裡爬出來的經歷，讓父親在老年失智時期，經常被這夢魘幽靈嚇得大叫醒來（二戰其實並沒有距離今天太遠啦！）。剛剛吃什麼，父親已經不記得，而他二十幾歲的經驗，卻讓八十多歲的他驚恐連連！早已遠離父親的青春記憶，卻在老年時期重新上演？或許體驗深刻的片段，才是人生的重頭戲碼？也或許，父親驚聲大叫醒來的恍惚時刻，發現自己身在桃園大溪家中，非常平安，剛剛的驚嚇體驗，那麼真實不虛的感受，都是「假的」。而在一次又一次的重現當年的場景，如夢如戲一般的再現，是不是父親一次又一次的練習道「都是假的」這句話呢？

我也開始規劃參與「媽祖遶境」的徒步之旅。人老先從腿開始。於是，我開始大量走路，運動，上健身房，讓自己長出肌肉，而非肥肉！健身教練會提醒長輩我注意「肌少症」！骨骼是鋼筋，肌肉是水泥，要讓身體這棟房子強固，必定不可少肌肉，這樣才能是棟健美的房子（身體），才能帶領我去完成計畫。

因為疫情，工作停擺持續中，才發現自己沒有給自己放過長假。工作為重是習以為常的狀態；劇場以假日演出為主，排練的日常也包含假日週末；而家庭日正好也都發生在週末呀！工作為重的生活，一直持續到疫情前才被按下暫停鍵。

整理了之前的生活，驚覺口中念念的「生活」，原來不夠「生活」呀！原來自己鮮少用如此大量陪伴、如此深刻的方式與「自己」在一起；無論是做飯掃地整理家務，運動、看書、追劇、發呆、放空、靜心；發現，這不就是退休生活嗎？因為疫情我提早體驗何謂「退休」生活嗎？退休是一個被工業化社會創造出來的概念，而無論哪一個範疇的工作者；農夫、上班族、企業家、公務、教職等等，不需工作時就等於退休狀態！想工作時，立刻啟動就業機制！這個現象已經不同於以前所認知的：退休就是不工作，吃老本，遙遙等待生命結束之日。

廿一世紀健康又長壽的比例是人口比例的一半以上，聯合國人口定義有了新的規範：

四十四週歲以下為青年人

四十五週歲至五十九週歲為中年人

六十週歲全七十四週歲為年輕老年人

七十五週歲至八十九週歲為老年人

九十週歲為長壽老人

（看到這裡，有種吃了回春大力丸的愉悅感吧！）

但，轉頭一想，還有一大段時光要怎麼消磨它呢？於是第三人生的概念就產生了，（可以去看第三人生相關的資訊與書了），而我也身在其中，要如何「創造」第三人生的經驗呢？

我不想虛度自己的第三人生，但又想到父親的老人言：都是假的！該如何找到虛幻中如實的創造呢？每一天都可以玩一些有趣的創意吧！既然都是假的，他人眼光及認同也就不能主宰創意及玩耍嘍！

或許，每一天都可以活得像沒有明天一般的揮灑吧！

03 買鞋記

賣鞋的老闆開口閉口大姐大姐的叫，我轉身離去——不買了。

我開始計畫徒步行走，一雙好走的鞋成了行動的必備品。搜尋徒步者的旅行必要裝備，一樣一樣的購入，有些則是向朋友借用（怕自己很快失去耐心）；鞋子是第一件務必要購買的重要裝備。

徒步行走台灣不是發生在青春年少，而是第三人生的現在，自己也完全不明白這份衝動是想證明自己尚少年？抑或是走屬於自己的向內朝聖之旅？大學時期男友曾騎車載我環島，整個人太累又不好說出口，腰痠背疼的旅程，沒有時間聽風看景，心中默默禱告：快到了！就可以休息了！一路無語，只因風沙大，一張口全是沙。騎車的他，起初談笑風生，沒一會也安靜地專注騎車，或許，他更希望快點到休息站吧！因為他選擇了一台貼背的追風一二五，背後揹一個大人，即便是女朋友也是會累的吧！這趟環島之旅留下深刻印象：再也不坐長途摩托車了，既不浪漫又不舒適，更不能主導行動節奏，完全受制於人呀！想上廁所要忍，肚子餓要忍，腰背痛要忍，太陽曬要忍，下雨忍一忍，整個行程就是忍者龜的訓練吧！

之後不愛坐摩托車成為我的日常，愛上走路，是近些年的事。

工作等待時間多，選擇走路當成等待時光的消遣。最喜歡到山區郊外拍攝；特別是要住一陣子的工作，是讓我最開心的，無論劇場巡演或拍攝電影或電視，只要離開出外住一陣子，整個人就啟動了旅行的玩樂放假心情，到一個新的場域，會早起散步探索附近的環境，有什麼好吃的餐廳？哪一條山路可以探險？認識一下花草植物大樹、蟲鳥青蛙螢火蟲等，與牠們一一問早安，道晚安。早晨山嵐霧氣環繞身邊，覺得自己像神仙教母下凡塵（傻氣吧！），而空氣中透著一股樹木釋放的芬多精，腦啡滿滿，嘴角不自覺上揚了，抬頭看著陽光灑在綠草上，有如光天使在上面舞動著，閃閃地讓人目眩神迷久久。「琄姐，要拍妳嘍！」這時才回過神來，自己是來工作的。

散步不只是散步。

在工作期間，那散步也是屬於角色的散步。用角色的方式在角色生活的環境中走著，自己會試問角色：你在這兒生活，會做什麼？怎麼走路？這些花草大樹也是你每天的日常，你如何和他們互動？會打招呼嗎？生氣難受時會不會躺在你們之中，痛哭失聲？而你們會像現在對待我的方式，用愛與平靜包圍住角色嗎？

通常拍攝工作開始時，團隊才會進駐場景，而演員也是第一次走進角色的生活環境，散步就成為身為演員的我踏著角色的足跡，徒步體驗一趟角色的人生縮影之必要心靈對話之旅。用角色的狀態去看、去聽、去感受，甚至是思維方式。內在用邀請角色的方式，與之對話，好讓演員的我可以完成角色想表達的某些隱微情感或未盡之言，例如：愛孩子但無法用語言表達時，在被誤解只是死要錢的母親，切斷了孩子的戀愛；母親的起心動念是不要孩子只看眼前，要看長遠，孩子處在叛逆的青春期，母親忍著被誤解、被討厭甚至被冷戰，都不會讓步妥協後，一人走著，躲到樹叢中放聲大哭，這種無法言語的情感，也是我在散步時，角色會突然讓我感受到她想表達的。我的這種經驗太多，但又太私密個人，無法被驗證，卻是我與角色保持親密的方式。

散步時，我穿著角色的服裝，走著角色的步伐。而現在要為自己穿上可以徒步的鞋，必須接受一步一個大姐的大哥（感受到我的情緒起伏了？）這麼聲聲叫，買或走？在心中上演著內心戲碼呀！原來，脫下角色的鞋換上自己的，是需要接受真實世界給出的聲響！但是叫「大姐」又如何？雖然有點受挫，覺得大哥太沒禮貌，不知道對女士要稱呼小姐或美女嗎？二話不說，試完鞋，價格也沒問就刷卡走人，頭也不回的離開，反正我是來買鞋的，也不是討讚美的。人過中年真的不能太玻璃心，雖然很容易一碰就裂。

瀟灑大方離開店家的「姐姐」我，果真是：大姐姐呀！

走路是我的選擇。

演出或拍攝結束，我選擇走路回去（家），這時的自己正處在與角色分離的狀態中，將角色放在場景中或劇場裡，分離後的虛空感很強烈，什麼都不是的狀態，有點像變身後要恢復到自己的日常狀態，有點脆弱、無力，甚至少話不言，外表看來虛累累，而內在處於重新歸位後的零落散布，慢慢走路可以讓四散退居後面的魂魄擺正。

走路又擁有自主權，速度、路徑都可以自控，沿路風景盡收心中；有時角色頑強不肯離去，腦中反覆著某些畫面，一次、二次上演著，早已離戲，幽魂般的角色仍然糾纏不已。我選擇走進超商或某店家，繞兩圈轉移注意力，買個飲料或小零食，有趣的事發生了，角色被留在超商裡，從腦中移出了。

走路時，整個身心完全專注於自己的變化，無論是身體肌肉，呼吸的氣息抑或是內在感受，充滿對話或畫面，但有時空窗會出現：什麼畫面都不會出現、任何想法都沒有，一片寂靜。

徒步的鞋已購入，接著就是要開啟「小冒險」了。

平常走路不算太困難，但離開舒適區的徒步才是冒險。為了讓徒步介於冒險與安全的之間；我開始了大量走路的肌耐力的訓練，也在網上搜尋徒步環島者的各種裝備及年齡，大多年輕人，年長者較少。而且年輕人單獨上路者眾，路上會遇到徒友，結伴走一段再各自前行。而我呢？該怎麼進行下一步呢？如何又有小冒險之旅又安全？（顯然，年長容易想太多。）

徒友我決定自己找。

年輕又懂3C產品的朋友，是這個階段一定要多結交的。他們出身時代已經是電腦網路發達期，似乎他們手上就已安裝了鍵盤，腦子已內建程式，思維邏輯已與我這款讀大學還在使用Lotus/Format/磁碟片的年代，大不相同。向年輕人致敬，與他們學習，是我的心態。當我遇到電腦問題時就會請教這些漾boy或漾girl，而且我會表達雖然速度慢但我願意學，謝謝他們的耐心（嘴甜好有用吧）！

一顆願意離開舒適圈的心，就是年輕且充滿跳動的心，與年齡數字多寡無關。好奇眼睛且勇猛的行動力才能決定年紀大小。

徒友是一位二十多歲的少女，有著好奇心與熱血的愛，我們決定先試一段古道之旅，再來規劃自己一個人的徒步之旅。（後來才知道她，三十初了，完全不像。）

所有的外境都是內在的投射。

我想要什麼就先給什麼，無論快樂、行動、活力、分享或愛人的能力，先成為那個理想中的人物！做吧！走吧！行動吧！

「大姐」這個稱呼，或許只是店家大哥自己對自己的投射，年紀大了，怎麼可能活力四射，灑脫大方，勇敢前進呢？或許是他得知買鞋的女士是要徒步行走，心中發出的喟嘆吧！

（自我感覺良好中。）

讓那位老大哥，繼續留在店裡投射他的青春不老夢吧！

04 情書／家書／分手信

運動是轉移身體不適最好的招。

運動養生是年過半百才願意做的行為。一直仰賴身強體健基因好的肉體老本活著，怎知身體有開關機制，時候到了它就突然打開了。最近晚上進入另一種不易入睡的狀況——牙齒開始有感覺了！隱隱地抽著，微微的酸，心中一懍，莫非抽鈣來著。牙齦為骨之羽，是骨骼的末梢，表示骨質密度需要注意了。大半夜的牙仙來打劫，這真的不是太愉悅的經驗呀！突然似乎明白，為什麼到了第三人生是需要大量時間與身體、心理、靈性好好相處及探索了。

父親在七十多歲時，語重心長地說：怎麼就突然老了？

「突然」是什麼意思？老不是慢慢發生的嗎？怎麼是「突然」？

身體的訊息很多，而且從來不曾停止傳送。例如長大的骨頭痛，夢境中從高處掉落的身體抽動，女孩的生理期出現，換牙、白髮、皺紋、身高少了幾公分，賀爾蒙、內分泌，甚至是眼珠的顏色也產生變化等等，這些都是身體寄給自己的「情書」。這「情書」在年少輕狂萬人迷時是不屑一顧的，不看不聽不收下。

而今「情書」變成「分手信」，警告意味強烈，再不用心關懷，後果自負。

秋天運動真的好矛盾。

秋老虎是真的，太陽明明遙遠卻充滿力道，一道一道的光箭射向皮膚，風吹過，卻無法減緩灼熱刺痛感；戶外走路成了汗流浹背，濕背秀的必然。但又不願身體情書變成分手信，還是勇闖虎視眈眈的秋季戶外，讓汗水、淚水傻傻分不清一番吧！

關於身體，女性又比男性精緻。

男性年過四十，就剩一張嘴，這俗話說的；而女性則是四十一枝花，五十如狼虎，六十可以吸地板，這也是坊間流傳的。真實與否？不是重點，而是能量狀態，內在渴望，完全是「愛」「慾」「情」「仇」大集合戲碼。身心完全的反應這份「焦慮」，轉老人的前風景期，暗夜不能用嘆息聲度過，行動必須發出聲音來，俗稱「老人唉」！如果不處理這強烈的吶喊，身體會儲存太多訊息，造成阻礙，反應出來的就是痛疼及不能行動。第三人生的消費與學習市場，以女性為主，就明白那份內在動能轉換成行動力是多麼龐大吧；大到足以支撐整體國民消費GDP（女性撐起半邊天是真的）。而半百美女成大齡姐姐，期待已經從對外在：家庭、孩子、先生、婆媳關係中，開始向內，針對自己的人生，是否存有遺憾，一項一項補上：想跳舞去跳舞、想唱歌去唱歌，想旅行揹了包包就可以出發；包括各種課程現場，放眼望去百分之八十以上，都是女性呀！軟性課程（多是無實用課程）以女性為主力，而實用課程：如理財、商務、語文等等，長者女性也有增加的趨勢。果然，女性真的是讀得懂身體寄給自己的情書呀！——活著就是動，有動有活力。

現在的身體，大齡階段的表現，完全是前兩期的使用總和（青春期與前壯年期）；而此時已經是使用的最後一階段的古董車。是可以使用的、美觀好用有價值的？還是大換零件的近報廢的二手、三手車？經常進出保養廠（醫院）？

身體的重要性在此階段，完全是以後來居上之姿，排行第一。也就是情書再不解讀，接著收到的就是警告信，然後是宣告「我們分手吧！」的分手信，抑或是讓人困在床上（不論是家中或醫院），動彈不得，直到向肉體說出：對不起，沒有好好愛護，善加保養，定期整理！身體一直很配合主人的計畫，想吃就吃，想熬夜就熬夜，菸酒葷腥都默默吞忍，偶爾發出抗議的胃痛、頭暈、腳麻、腰痠，不知是這情書寫得太含蓄？抑或是字太小，還是外星文？當我不痛不疼不痠麻不腫脹後，完全失去記憶似的，繼續揮霍著。

我是很早就有意識關心身體的感受。（不知是不是水星在處女的關係？）

演員的工作，年輕時期經驗過沒日沒夜的日子，那時肝很新鮮，可以解毒熬夜飲酒的疲憊；但，不喜歡隔天起床的不清醒及浮腫感；於是早早就在朋友群中打預防針——晚上十點左右，周公就來敲眼皮了，大夥都會說，琄姐要休息了；於是便可以離開，回家休息去也。再加上當時室內沒有禁菸，不抽菸的我，魂早已經與菸味打了八百回合的架，也是真累了呀！

身體現在對我而言，寫出的都是家書。

表演工作量因二〇二〇年的疫情大量減少，正因如此，早起運動成為紀律的日常，尤其是在沒有大量消耗體力的生活，運動所產生的好處被凸顯了。有運動有保佑，好入眠。腦啡也可以大量分泌，讓一整天處在希望、嗨點波浪中，自己可以很容易讓自己快樂起來，是多麼棒的事！每天都動一下，寫一封家書給自己，記錄一下身體是否安好、充滿快樂。

大齡姐姐或哥哥們，家書值萬金呀！

躺平主義並不適合我們這個年齡段。躺在沙發上追劇不妥，不如起身邊看邊動，或是看看大自然的影片，刺激一下懶得動的肢體，走到郊外踏踏青草地，也不要睡前躺在床上追愛情、宮鬥劇，夢中有白馬王子，有皇上，有情無情的渣渣，都不在明白醒來的宇宙中。「夢」的存在是可以用來修練與覺察的呀！好不容易從「人間夢」中進入「夜半夢」世界，如果品質、內容都一樣，人又何必睡眠呢？這也是看懂身體的訊息與表達後，深刻的覺悟呀！躺平是人生最後的必然，能直立時，多多把握吧！（我是如此鼓勵自己。）出於「愛惜」，才開始了用身體書寫家書。或許，有些身體的表達不是一時能解讀明白的，我就會等待一下，找資料、問醫生、朋友。例如：膝蓋不舒服，無法好好走路；忍耐一陣子後，終於痛到走不動，才肯看醫生。照過X光片，沒事兒，看過整脊師傅，喬一喬就可以行走；但這不是究竟。看書上有研究的文章中寫道：膝蓋藏恐懼。（當然也有左右之分。）我自問：我恐懼嗎？最近有發生什麼讓自己不安的事嗎？還是單純只是走路姿勢不正確？抑或是走路不專心想著擔心的事兒？一層面一層面的慢慢剝開身體與心理千絲萬縷的糾纏，是需要練習與耐心的。

愛上現在的運動方式，簡單的只是服務身體的快樂。年輕時運動，是為了工作，讓自己更專業，擁有好身材，可以吸引人，穿衣服好看；現在，沒有那麼強的目的性，功能上能動就是好運動，不疾不徐地最合適自己。當然也為了更密的骨質，增加肌肉量，也會找健身教練。但，日子是自己要過，健（康）美（麗）的身體也是得靠自己練習。有運動意識才是最好的教練。不知不覺走上了古希臘對身體美學的「健美」之路。

健身房內的教練們，眼光要放長遠一些；大齡時代已經迫在眼前；如何建構一套適合熟齡族群的健身運動，發展適合的器材呢？或許就是健身產業的新市場。無論哪個年齡段，都需要健美的身體，年少或年長，有健康才能享受生活呀！

05「三」的小日子

走進大自然看花看樹看藍天踩著大地，生生呼吸。

最近看道家的書籍，想與「源頭」連結，而這源流對我而言是「一」。「一」生「二」，「二」生「三」，「三」生萬物，這令我思索，「一」是出生時到有分別心，大約是一歲到二歲左右，開始有了物我之分，學會拒絕，分出你的、我的等等，二元世界開始了。第三人生是最長的階段，努力尋找成功，向上攀爬到自己認為的理想之位，「認同感」成了人生重中之重。隨之而來的掙扎與心理變化，似乎排練著一齣齣職場劇或肥皂劇。這個奮鬥，努力向上游的日子，基本上是組成人生最大的部分，即使心之不嚮往，仍然在時代浪潮推波下，邊走邊逃邊修正中，來到了第三人生的階段，或退休？或不甘退休？或不知離開職場的人生價值何在？因為長期的思維方式還附在工作上建立人生價值，於是對於「生活」的來臨，就是不知所措的。將人拔出工作範疇（成蘿蔔了？），放進生活過「日子」，是需要心理準備與不斷練習。第二人生是工作打拚成家，養育孩子的人生，已經打磨了三十多年，非常適應與應付自由，甚至可以不面對它，努力工作，一切都是為了「家」或「未來生活」！但它終究來了，「日子」來了怎麼過？成了生活的核心。沒有上班的人則是如臨大敵，覺得平靜生活要多一位熟悉的陌生人？該怎麼辦？真正大量相處的日子，天天二十四小時的面對面過生活，也才要真實上演了。

主場景換成家，角色也從老闆變成老公，家管變管人，夫妻兩人新角色，都要重新做人，設定與角色功課呀！這個不同於剛剛結婚，隱藏了許多角色的潛在要求，以為「愛」可以忍耐，以為「情」彼此可以是對方肚內的蛔蟲！

而好不容易喬到了彼此都算舒適的角度。怎麼就要進入第三階段的人生了呢？

新戲碼、新角色要來了，是不是該很興奮？很渴望？讓我們一起追劇吧！

很困難追自己演的劇碼嗎？還是，不想再上演二元世界，非黑即白，非此即彼的長壽劇了？

開始愛上植物花草大自然的生活，也是離開了只有陰與陽的二元世界，進入「三」生萬物的世界。書上曾說「三」是氣，活動於陰與陽之間，包含兩者又不屬於它們，存在其中但又隨時不在其中。（妙哉？玄乎？）

我在扮演角色時，不評斷角色是好人還是壞人。每一個角色對自己而言，立場是穩固堅實不動搖的，但很可能對他者卻是十惡不赦的壞人。如周星馳演的電影《濟公》，就是第二視野來看待眾生，沒有真正的惡，每個惡人心中都有一顆良善的小花種子，需要澆溉。但人往往是沒有耐心了解他者。

以前「工作」是我的好朋友，「工作」中所帶來的挑戰、挫折，都是必須虛心學習。並且照顧得非常細心；包括工作帶來的人際關係與情緒拉扯，都是用小學生的心態，慢慢練習，悠悠學會，才進入熟手階段。人海浮沉的工作歲月，二元矛盾世界佔據了人生的五分之三。五分之二的第三人生，可以非二元？而是「三」生萬物嗎？

「日子」是我的好朋友，大量的與之相處後，才發現以前我只看見「工作」定位朋友，默默的「日子」一直守候著，陪伴著自己，即使我將「工作」當成唯一要務。

感謝疫情這位大魔王，阻隔了與「工作」的相處機會，甚至過著將「工作」趕走，唯一能陪伴自己的「日子」，忽然現於眼前，如此龐大，令人不知所措。本以為「日子」會過去，「工作」會歸來，一切都沒有改變。但隨著時間推移，「日子」仍在，「工作」不再，此刻才意識到自己對於「日子」是如此陌生與不知所措。

退休的日子，第三人生的日子，可以揮霍，也可以善用（好像青春大把的日子）！揮霍的態度是平衡自己尚未玩樂青春，怎麼就只剩尾巴或車尾燈了？怎麼就老了，玩不動了？所以怎能不任性妄為一番？當然，也可以斤斤計較的善用時光，創造美好經驗，登山、走古道，旅行背包客，勇敢挑戰脫離舒適區！而這兩者差別在於完成後的人生狀態是加疊式的快樂平安？還是加疊式的沮喪逃避？

我喜歡陽台的植物與一盆魚！

安排遠行是處在尚無法說走就走的瀟灑，必須替植物還有魚找到照顧牠們的朋友。獨居的我，有許多把鑰匙分別放在不同朋友處，這也是我目前找到適合自己的生活方式。

聽說一些朋友因為寵物無法長途遠行，因為家中有老人放不下心，所以卡在第二人生的困境中，年紀正往第三人生的大齡階段緩步挪移，明明腦中都知道二元世界是修羅世界，修練如烈火灼身般時時燒著自己的心，矛盾感反覆抽打著自己。與朋友間聊（療）是一種暫緩生活困頓感的可能；傾聽著，陪伴著，支持著，我給不出任何建議也不需要！「日子」這個朋友，總是可以給予人們最厚實的傾聽、陪伴與支持！

「三」生萬物，「三」是流動，是包覆也是安慰。

我的日子：有花、有草、有魚，有藍天綠地，有運動舞蹈，有廚藝料理，有老閨密們的話聊（療），有徒步、挑戰，也有放鬆、有追劇。

我正在與「日子」當好朋友，慢慢地，日子也把我當成心頭好。「日子」很大，可以放進很多創造與挑戰，「日子」也可以很小，因為它謙卑地退居背後，支持我去找「工作」，與「工作」為伍。但「日子」的默默守候，終會贏回我的心，我的一切。

熱愛「日子」！

06

無謂前途，無畏老之將至

年輕時，對於金錢完全沒有概念。直到二〇〇三年那場SARS逼使我必須認真看待「金錢」這件人生大事。

一直以來，我都不是上班族，是SOHO一族，劇場演員是主要的身分，佐以教學為輔，如此才能維持生活之所需（這樣的日子相當長，近乎二十年的表演歲月，很緊巴的戶頭）。浪漫如我，從不覺察危機早已伏吟身邊許久，SARS突然降臨，劇場陷入停頓，主要收入完全沒有了（其實與現在疫情是一模一樣，甚有過之）；年輕的我，完全沒在怕，對於未來充滿著無知的信心。那時父親還在世，心想：戶頭還可以繳幾個月房租，再不開啟工作就先搬回老家給父親養一陣子（現在想想臉皮真厚，也真是傻、白、甜）。日子依然往前，沒有工作的生活很可怕，也很無聊，坐捷運到淡水找在大學教書的好同學，她開車到淡海邊，看夕陽，喝咖啡，而沒有收入的我依然可以享受著年輕狂躁的浪漫。感謝同學有月薪，她買單了當日所有的消費。自尊心強的人如我，是會看見自我侷限及必須突破的瓶頸的。

金錢對之前的我而言，是阻礙藝術表演不純粹的雜質，很怕有錢會傷害表演這門藝術，堅守在崗位上，不肯偏廢。直到SARS的出現，認真看見戶頭裡所剩無幾的數字，心裡知道必須要面對它了。正好，當時有朋友在教育訓練單位上班，替我爭取了一個名額——錢與自己的關係的課程。那時還驕傲的覺得「金錢」，不過就是身外之物，不值得學習！心中有成見，必定會撞壁。

課程主要是處理「我」而非「金錢」。

沒有「喜愛」的錢或「討厭」的錢，都必須深入看自己過去對錢的概念是怎麼形成的，「太過渴望」金錢並不會成為有錢人，因為心底的信念是錢一直不夠，覺得自己「窮」透了！「匱乏感」成為賺錢的驅動力，仍然會覺得不夠。一連串的課程只記得冥想「金錢」這個朋友走來，一身金光閃閃的，而我卻害怕得起身逃走！完全無法擁抱它！好難理解這是什麼信念在影響自己的金錢概念？高中以前的金錢觀是父母建立的——儲蓄為王。小時候媽媽給零用錢讓我們開始對金錢的使用有概念。一個月的零用錢，小學與中學之後金額不同，因為國、高中的朋友交際多於小學。一次給足一個月，選擇一次用完或是分批使用，甚至全部存起來，以後慢慢用，都自己決定自己負責！那時並沒有現在理財課程這麼普遍，也不是資訊發達、流通的年代。母親的理財觀念雖然保守，卻很實用。當我進了藝術大學，基本上全心全意的享受大學五年的生活（五年制的藝術學院），在完全沒有打工，每月仍有零用錢，與有時開學也會領到獎學金的狀況下，儲蓄的好習慣，讓我在畢業時存了一筆小錢。

那時能夠開源的機會及頭腦是不發達的，完全是省錢為主，儲蓄為王。

直到ＳＡＲＳ這個必然的意外出現，才轉換了對金錢的視野。

表演工作者除了劇場工作，還有其他的表演場域是可以參與的？這是一個似假還真的未來！主要是心態上是否願意去理解其他種表演方式之不同與挑戰，才能接受到來的機會。早期有一些劇場演員遇到影像表演時，不容易跨過去的坎兒，心中受挫而產生不能再前進的動力，那時，學院派表演是負面意思——難用、誇張、不真實。而今已經好了許多，但又產生另一種內在驕傲——專業人士的心態。這是另一個修練的坎兒。最終在技術上調整成為適合的，心態開放能接受不同類型的表演挑戰！這樣才能心寬、路寬、財商寬。

二〇二〇疫情再次降臨，再次檢討自己這十多年，「錢」關是否已過？

記得二〇二一年五月中，剛剛演完綠光劇團的《結婚，結婚！辦桌！》，沒想到立刻迎接來的是三級警戒。再一次劇場大寒冬，完全有過二〇〇三年的ＳＡＲＳ的範圍及打擊。後面場次的演出全數取消（這是頗大的一筆收入呀！）而我看著自己的反應卻是平靜無波的。為何呢？拿出自己的儲蓄資料，頓時明白那份心安是來自於驗證了「錢是人的膽」這句話！原來二〇〇三至二〇二〇年這十幾年間自己一些觀念有了改變！

1. 金錢信念的改變：錢是好朋友，我理財，財理我。

好朋友是個保持良好互動關係的概念。「流動」是很重要的，只進不出的關係，是恐懼它以後不會再有，於是控制不流出去，相對的，也不流入，屬於停滯的死水。朋友都需要保持流動，更何況「好朋友」，千萬別將「它」勒死了！另外，信用卡不宜多，一張，夠用就好。還有提款卡裡的金額，限制在五位數以內，超過了就轉帳給同一家銀行沒有提款卡的帳戶，好處是省了轉帳費，還可以騙過大腦，大腦看到有提款卡的帳戶金額數字，忍字就出現了。我是沒有提款卡的，要用錢就必須特別去銀行處理。網路銀行要小心使用，我是絕對不用來轉刷卡費用，到銀行或超商繳費，一大筆現金才會痛，才會有感覺。畢竟，把好朋友送出去，是要慎重一點的態度，是吧！

投資則是來自於自己保守的金錢觀養成，不能接受起伏大的理財方式。長期持有，利潤雖緩慢但適合自己。

因為聽了一些理財經，上了理財課，補充了學藝術領域所少的那個腦。好像做對了一些事！

2. 對表演領域能力的擴張與信念的釐清：任何領域的表演都是值得學習的，離開舒適吧！

從劇場到電影、電視，一項一項從不了解，慢慢展開。走向游刃有餘，期待打破更多自我設限：脫口秀、直播、podcast甚至兩分鐘短影片等等，都是以前不曾想過，而今卻玩得開心的新領域。

二〇〇五年去讀台東大學兒童文學研究所。因為有了一點錢，選擇投資自己。二〇〇六年又再一次投資自己——華德福師訓兩年。「老師，才是真正的藝術家，因為他形塑的都是人。」這是華德福教育裡給的訊息。我深表認同與感動，而且當老師對我而言是表演更深的探索。離開舒適區，真舒服！又好像做對了一些事！

3. 錢為人所用，非錢財之奴：努力工作後，生活品質是否依然保持？因為疫情，再次得以釐清金錢與自己的關係！

二〇〇五年得金鐘最佳連續劇女主角時，許多戲劇演出邀約，令我記憶深刻的一件事是，長壽劇找上門。這意味著不用一直換劇組就可以保證收入，況且當時熱呼呼的身分，肯定待遇好。與劇組、導演相談甚歡，一覺醒來，心中不安覺得不妥，打電話婉拒了長壽劇。（算一算好大一筆錢呀！）我也曾經一個月只在自己的床上睡過三次，看到床是驚喜的大喊：「床，我回來了！」身體在不同旅店休息，人生在不同角色流轉，日子於各個劇組當中。那時唯一休息就是與朋友大吃好料，放假逛街買買買，才能平衡沒有生活的自己，直到二〇一四年與朋友一起旅遊北歐。

朋友得知北歐旅行，第一反應是：去工作嗎？而且不止一位。我心中頓時感覺不妙：為什麼朋友的反應都以為我是去工作，而不是去玩耍？我是工作狂？日子只有工作？沒有生活？失衡的日子，我很有意識的要平衡回來。

二〇一六年一個人旅行不丹。也開始一連串島內單人旅遊，雖然不習慣一個人入住，怕客人心情是因為不佳才出現在飯店的，而我，是因為心情好才出遊的呀！現在每年都出國玩耍一趟，也繼續一個人的走古道與住飯店，但希望以後可以從我一人，變我們一群人。（似乎可揪團？）

疫情讓我有更多時間大量地與自己在一起，我心中不驚也不慌。

可能之前釐清了金錢與自己的好友關係，才能不憂愁明天是不是會解封，或何時能開始工作，可以安然的面對沒有工作時的自己仍然有價值，仍然很珍貴，仍然可以玩耍與創造喜歡的有趣挑戰。

不再將有大量工作與顯現自己的價值畫上等號！

終於明白書上寫的「存在本身就有價值」。此時，這是多麼好的驗證呀！其實，要出離對工作「上癮症」不是很容易明白的，但這時的疫情，這份明白是多麼的支持著自己目前的處境呀！以前的投資自己，學習各種知識真的有用！喜歡自己看見曾經看似無用的付出與學習，陪伴自己的能力也是需要練習的。真的又好像做了一些對的事！

昔日少年時，不把錢當一回事兒，可能是一直有工作，並未真正遇上金錢匱乏時刻，為何一直要工作，也就是可以賺錢，保持自己在表演世界不離開（這個可以寫一部劇場表演史）。表象上不在乎錢，底層是渴望有工作賺得生活費（卑微呀），正視對金錢的態度，才開始了豐盛的人生。

我曾經從欠債、還清的爛泥中走過，我可以在第三人生當口豐盛，因而相信每一個人都可以豐盛的！

（感恩那些深埋在劇場十九年的日子，基本功好好練，深蹲無煩惱的歲月，才能成就勇敢突破自己的限制呀！不怕深蹲，只怕不堅持。）

07 一封家書

在時間中，都是練習。

新環境需要練習如何適應它，新學校需要，新關係、新身分……也需要，當「新」的來臨，表示告別「舊」，而說再見是困難的，從小到大都是如此，每一次告別都是重新啟程，頭腦明白，但，心卻不捨。滿滿的記憶，是時間的證明，表示自己走過一段時光，或長或短不一，但，就是留下了印痕——記憶。

一位朋友在臉書上告知大家「他退休了」。這幾天，他PO出在棒球場看球賽的照片。突然明白，他一生戎馬沒有享受過一般人的娛樂生活，如普通的運動賽事，對他而言，竟是一次新鮮事兒，他聲稱「開洋葷」。他站在第三人生的當口，準備好了嗎？因為那是另一種生活形式的開啟，需要理解成，無論是財務準備、身體狀態、心理平衡與終老來臨之日，都將一一來到面前，成為生命的現實。

財務部分已經有許多理財資訊都非常專業的教導，能夠分享的部分，就只是自己的財務成長與體驗，當然有效，可以達到財務自由（夠用啦）！

身體的狀態為何需要認識與準備呢？

前一陣子新聞報導某男演員在高雄突發身亡的消息，我心中也為之一驚！因為，我與他有共同工作過，同樣愛表演的演員——我們，其實是有強大職災傷害的。看得見的光鮮與看不見的暗傷——包括身體疲勞、在角色中太久而造成的內在外在的耗損、心理失衡、以為是愛情，其實是角色投射的情感；是在光環下不易看見的。保持對健康的警覺性，就必須依靠自己對身體的敏銳度及珍惜心了！「錢來就賺」是否是唯一的指標？曾經也有演員朋友聊到：我們這款演員挑三揀四還年紀大；真的賺太慢，我則笑笑說：不是賺太慢，是慢慢賺。心裡想的是有命才能賺呀！

不工作就會沒有價值了嗎？

朋友退休了，學習新階段的生活。長期工作突然離開職場，是不是像小白兔入叢林？會不安焦慮嗎？其實，任何工作遇到轉變都會有一陣子的不安期，焦躁的心肯定想快速回到以前的生活節奏，雖然這種節奏是被他人（工作）安排，因為不用操心明天起床的日程表！而決定不走回頭路，就是一種勇氣加意志力的實踐課程。休息一陣子，不可能再擺爛下去，因為時間不會停止，一直往前奔去！

「演員的工作」是一直處在被選擇中，沒選上總是很平常的事兒，學會在這種重新開始與向完成工作說再見中，頻繁來回練習。在每一次工作中努力著，為自己下一次機會來臨做好準備。在工作中建立的存在感是必須一次又一次的疊加，也可能一不小心會陷入零存在感的焦慮中，無論工作多長，得獎幾多。除非明白「無常即日常」的道理，工作產生的價值那只是生而為人的一部分，並非全部。我是練習許久才能在有工作、沒工作中穿梭自如，現在是選擇不工作。因疫情看見了許多年輕演員的辛苦，卡在沒工作的焦慮中，或許，學會認清工作、價值、存在與自己的關係後，便可開啟新思維，做什麼都可以，因為都是表演的舞台，如果以「表演」為主要收入，視野是不容易開闊的呀！

我老弟的退休，是與舊模式告別。

舊模式是習慣，是舒適區。也是一天兩天累積，慢慢養成的。他開始運動健身，與老友走古道，找往日兄弟情誼，雖然，「退休」對他而言，真的還早，正值壯年的人，如何面對第三人生？是返回職場，再找一份工作？創業，還是放鬆下，享受青春時期錯過的生活，好好陪伴家人，重新整頓沒想過的日子？因為沒有想過，所以不知怎樣過呀！

時間是可以讓我們放進新的記憶，如果練習一些新的、有創意的日常，每天都是新面孔，儲存新記憶。

我是學著用番茄時間工作法：將時間格式化，分成幾小份，包括休息、玩耍一下。追劇時間不會沒限制，看書只專心那段時光，散步以步數為基準，寫作也是每日早晨的時光，運動影片也是一週三小片。看著自己排的週程表，心中暗自開心，原來，這就是時間呀！

月程表也是很可觀的。一件事一天看不出效果，但，一個月就明顯了！例如：開始玩「阿姨日常」一分鐘小短片，始於買一個虹吸咖啡壺，當時，只覺得火焰有生命力，在疫情大爆發的五月中，給自己一份火的力量，在無法前進的時間裡，自己小小的活力，鼓勵著自己：生活不難、疫情不怕、未來不糟心。沒想到，這一拍也拍出了「阿姨一〇〇分」的小短片，在五個月裡完成的。堅持下去就是動力。下一個堅持下去的好玩兒事情是「走路」。而且也「迷戀走路」了！

明白了時間是用來善用與創造好玩的記憶，這樣大概可以防失智、保健康吧！

明白了自己是時間的主人，不再用「時間不夠用」當藉口，貼在床上（或沙發椅上），碎碎念「人生苦短」，抱怨人生不精彩，不再只是滑手機，給他人「硬動精神」按讚，也不羨慕哪來那麼多的活力，而是簡單地放下手機，離開令人發懶的家具，走動一下，聽一下動感音樂，整個人的每一個細胞就如同灌了大量雞血一般，活力四射了！我就是如此，邀請你們一起！持續動次動！

去蕪存菁的人際關係，化繁為簡的日常生活。

現在的腦子，仍無法完全清明透徹。還好，尚有時間可以練習。無論讀書、工作、交友、婚姻或獨身，都是邊活邊練習，邊練習邊調適。並沒有萬無一失的人生，第三人生已經準備好放在那兒等待我們套上，然後活下去；反而是帶著準備好好活一把的勇氣上路，這樣的新生命，才值得擁有！

祝福自己，也祝福上路與尚未上路的路上好友們！

08

「放空」

（請寫下自己的「放空」……）

09 不再當你是「恐老夫子」

人生要有打包他人不善意的能力。

年紀似乎成為有無人生智慧的指標，青春可以傻玩、傻樂，終日不爽、臭臉，社會給予足夠的包容空間，讓他們慢慢長大，而不用負太多責任，主要是學習與歷練。但是，人過中年，一切原則與要求就來了，變得要努力、向上、友善、負責任等等。此時對於不負責任、能力不足，好玩懶惰的身邊人，充滿了不耐與控制，渴望身邊人能依照自己的想法生活，因為自己百分之八十的意志力都用在了努力工作上。不依照自己意志方向生活的，都是不合作分子，找麻煩家人出現此時，磨得所剩無幾的耐心，已經無法反映眼前的「他們」——無論老人或小孩！

而小孩則不爽父母長輩不幫忙付學費、不陪伴學習，只是一味的喊著「長大了要獨立」。而家中老人是否擁有話語權的寶？還是，成為家庭中碎碎念的累贅？

老年之前真的要對老年處境了解與研究一番呀！

要成為人人想靠近的香香夫人或香香老爺？還是大家怕怕的恐老夫人？恐老夫子呢？

而我正在練習不要成為「恐老夫人」！對於社會上用「銀髮」、「熟齡」、「橘世代」等等名稱，都是在重新定義「老年」。因為我不是一個容易被說服的女子，於是深入看進去這些名稱背後的心態。

莎士比亞名劇《羅密歐與茱麗葉》的樓台會，茱麗葉半夜在陽台思春時說出：「只是你的姓氏成為我的仇敵；你就是不姓蒙特鳩？你還是你呀！蒙特鳩是什麼？不是手，不是腳，不是臂，不是臉，也不是身上任何其他一部分。啊！換另一個姓吧！姓算什麼？我們所謂的玫瑰，換個名字，還是一樣香啊……」

愛就是愛，不論羅密歐姓什麼，都無法改變茱麗葉的愛。長老、老人、耆老、老嫗，都是如「玫瑰」一般，再換名稱或重新定義它，也不會改變「老」這件事實。

「老」「臭」才是背後恐懼的心理因素吧！臭老頭、臭老太婆，路上三寶——老女人是其一，還有死老頭、死老太婆等等令人不愉悅的稱呼，沒有尊重長輩的思維，只有切割決裂的世代裂縫。這是個值得認真思考的社會現象。各玩各的未來，是沒有希望沒有光的。對於他人（無論是從哪來的不良善）所設計出來的概念，必須要保持高度覺察，例如：臭老太婆是真的身體發出的味道？老人味？還是想法上的腐臭？如果都不是，那麼就屬於垃圾雜訊，可以打包丟掉或是直接在腦中屏蔽了它！

釐清自己對「老」「臭」的恐懼是什麼！

自己在學習「老」路上，沒有人可以替代自己的感受，每天晚上睡前雙手放在心上，問問自己今天好嗎？夢想都有執行嗎？有起而行的勇氣嗎？也會想著感謝一整天遇到的人事物，雖然，不一定都順自己的心意，常常也後悔自己的表達不完美，但也安慰自己，沒關係醒來明天又是全新的一天。我允許自己犯錯，可以偷懶，但一定要正直、善良與對自己誠實。對自己誠實很重要呀，如此才能喜歡自己，如此才能有能力明白他人的不得已，所做出的選擇！明白是來自心中深切的感謝與尊重他人。

人生活到某個階段，是因為高標準活出來的？還是低標準的每況愈下呢？

人生前半段的挑戰大致都用社會高標準活著！很勇猛精彩，而來到下半場的前半路的中壯年期，是否依然用原本的高標眼光生活？還是可以用自己選擇的角度，來決定自己的標準活著呢？

雙手放在心中自問著。

耳朵可以聽到身體骨骼、經絡的密碼聲；咯咯響的關節聲，心臟送出血液的欷欷聲，呼吸時的溫度摩擦著鼻腔壁，皮膚已不如少女般Q彈，髮量、髮色不再豐盈與褐黑，包括眼球顏色都開始變成藍灰色。我知道，但接受嗎？

雙手放在心上，順著呼吸起伏著！安頓著心！

腦中快速企劃隔天早晨的儀式與流程。因為想過一遍不能停止腦轉動，我就會起床寫下明日Note。之後，沉沉地與呼吸起伏一起夢周公。

微失眠也是這兩年才偶爾發生的。之前拍戲，知道有人長期受失眠的困擾，也是第一次聽到各式「安眠」藥名。或許，真的是不將雜訊放在腦中，每晚都要清理垃圾才能睡覺吧！

小時候，母親是有規定洗完澡才能上床。那時環境並沒有洗衣機輔助，母親洗床單是非常辛苦的事，要求小孩好習慣，是可以省事許多的。

現在明白孟母三遷是為了讓孟子在好的環境中長大，因為孟媽媽知道「環境」可以形塑人的一生，必須要警覺。在兒童心理發展有幾派理論：遺傳決定論——屬於基因命定，天賦決定命運。而另一派是環境決定論——由外在環境，學習互動擇選人生。

而當我們長成壯年一族後，擁有選擇環境想法的年輕時，反而忘記了可以選擇嗎？還是不敢負起生命所有選項的結果的事實？「先天」不足是大部分人的處境：家庭無法讓小時候生活在公主、王子般的環境的我，早早就在母親建構好習慣的環境中，學習自主、負責任，雖然青春時光覺得是限制，人生何須那麼自律。但，小時候的養成，真是積習難改，特別是儲蓄習慣、樂子自找、獨處能力，都在「成熟期」的現在，可以好好活著的基底。

小時候父母可以為孩子選擇環境，「生」給基因，可以少奮鬥一些日子，但，「老」「病」「死」這個是必須自己學習才能成為快樂自在的狀態，「錢」是無法讓內在「不安」、「恐懼」、「自在」被安頓的。

長大了的我們，可以（也必須）建構「新習慣」，例如：

「愛」、「無條件分享」、「尊重」、「不玻璃心」、「排除雜訊」、「願意改變」，每一項舊習慣，可以重新思考還要繼續嗎？而好習慣要不要升為三．〇、四．〇版本？

我們現在有能力選擇環境（包括團體）了！抱團取暖，一定要抱適合自己的團。

當自己的孟母，為自己三遷。活成香香的人生，而非恐老夫子或夫人吧！

10 長期照顧自己是我的練習曲

認識「長照」是必須建構的知識系統。

我喜歡看有關「生命學習」內容的朋友貼文或臉書，特別是來自學習「長照」知識與技能的訊息，但也反思，她所分享自己學習的照顧長者的方式及遇到的困境，大多是不良於行，臥病在床的「病人」，而非正值退休，還身強體健的幾百萬壯年族群，而這段離開職場，又尚未進入所謂「長照」期，並沒有真正有人教導如何認識「老年」及進入「老年」。於是我就希望能從朋友學習如何「照顧」長者起居，找到讓自己現在可以立刻學習強健身體、心理，包括最後所依歸的心靈所在。

身體是首要的衰退標記：

1.牙齒：最近飽受牙齒不舒服之困擾，嚴格說來是牙齦造成口腔的不舒適感！於是認真研究了一下口腔構造及心理因素，隱藏在齒縫與牙根底的晦深涵義，上、下排牙齒對應不同臟器、情志等等！例如：大臼齒上排對應器官：胰臟、胃、乳房、鼻腔。身體症狀：打嗝、消化不良或乳房問題。因為是同一條經絡「胃經」。而下排對應器官：肺、大腸。而身體症狀是：濕疹、肺炎、便祕。這是在同一條經絡「肺經」上。對照我自己的狀況是有一點道理，因為，許久沒有拍戲，答應好友去客串一天的戲，沒料到牙齒突然大抽痛，但又礙於工作必須收住不舒服，好讓工作順利進行，而這突然的疼痛是在中間才發生的。明明台詞已經消化完成，沒有記不住這件事，但是，再專業也抵不住身體的不舒適，專注力已分散，台詞也掉落一地。這對專業的演員而言是非常大的難堪。「掉漆」的演完了一場戲，我要求休息一下，喝一口水。有趣的是，水可以安撫我口腔內緊繃的肌肉與降溫。「我的完美主義在作祟」，腦中出現這一句話。午餐基本上沒辦法吃，一直處在與自己內在溝通的過程中。工作超前並順利的完成了！那剛剛的我感覺超差又代表什麼呢？是對自己太嚴苛了嗎？為什麼不肯放過自己呢？允許自己不是完美，可以嗎？

在脈輪中「太陽神經叢」是位於胃部的區域，也是自信、自我表達的脈輪。負面意義：過度要求、自責就會胃不舒服、脹氣、打嗝會都來。原來，身體一直是跑在最前面，感受最直接的。

回程高鐵車上，又疼又累的我呼呼大睡，口水已經滴落口罩數回（好在有口罩）。真正放鬆的口腔才會有津液流動。這是我非常真切的活體觀察：「放鬆」很重要，頭腦知道沒有用，必須是身體展現鬆弛感，聽身體的吧！因為，它還要陪伴人生走下去。

2. **肌肉**：年長者最重要的是肌肉！保持足夠的肌肉量是王道。肌少症是近些年特別提醒長者的「新名詞」！其實肌肉太少，人太瘦，更顯「老態」；所以「壯」、「健康」是在此時最重要的追求。肌肉夠豐盛，才能有體能去玩耍、去壯遊，去圓夢想清單。腿是人的第二顆心臟，也是循環系統重要回流幫浦。腿沒力，不想動，人懶懶，躺躺躺，如此循環下去，不想要的「長照」人生，馬上報到。注意，「健美」、「壯碩」不是脂肪囤積看起來的假象。古希臘的「健美」才是美！我穿越了！

3. **骨骼**：年過半百，大部分討論的是骨密度、骨鬆弛。補鈣之前，肯定要去關心「鎂」是否充足？缺鎂先抽鈣，而且，「鈣」是否能補？也可以研究一下。或許少流失是概念上的改變！《鎂的奇蹟》是可以參考的好資訊，也讓壯年生活更壯闊美麗！

喝「鎂」水是我近些年的重要選項之一。睡飽、吃好，運動才能活跳跳。

4. 內分泌：新陳代謝以前都不會是問題，但是車子開久了會磨損，房子住久了會陳舊，衣服鞋子穿久了也會破臭！身體當然也是如此。而身體的複雜與精緻更勝於其他。其他可以丟了再買，壞了換掉，舊了改裝，但身體沒有這麼簡易。

就是不容易，才會早早意識到身、心的關聯與練習覺察。

最近與一些年過半百的女性好朋友們聊天，聊到關於「寂寞」，她們有時感到「寂寞」，問我會嗎？又如何處理？或解決它？首先我捫心自問「寂寞」是什麼？基本上就是與人的連結斷裂或人際關係的被剝奪感之類的，也就是覺得自己是孤立的，被世界遺忘，心生恐懼而產生的強烈不安。明白了「寂寞」就是明明一個人卻不想一個人，又卡在一個人頗享受的矛盾世界中，當然，與生活在形式上是幾個人無關，有時人多更顯寂寞與慌張。此時就再追問自己：我是希望世界上有一個人能了解自己是誰而求之不得產生的期望值、失落感？還是純屬於身體渴望被接觸、被擁抱？

寂寞不是病，生起來會要人命。

感覺孤單、寂寞、感覺冷，於是便沒有動能起身活動，整日懶懶地也不知在等待些什麼？白馬王子從天而降來拯救自己嗎？還是，溺在某些回憶中，繼續責怪他人沒有讓自己活好？一整天就這樣從白天變黑夜了，仍然沒有任何改變，於是「寂寞感」又加重了！

這種現象會直接造成身體的退化並產生病變。

「寂寞」這個朋友一定要好好認識「它」。

運動是我處理「寂寞」感時最好的方式之一，因為，動起來的好處，就是腦啡大噴發，也覺得有存在的價值感，一個人就可以完成，隨時隨地都是運動場，也藉由運動過程，與自己內在細微的對話，漸漸釐清並認識自己，也開始享受一個人。愛上自己一個人的時刻，是我近些年很深的體會。「愛自己」才是解決「寂寞」的良藥。

對於身體的敏銳及覺察，是來自於愛自己。

很多時候，大家運動是基於養生或害怕肌少症來找碴，而非出於「愛」。愛「怕」的心情出發，會讓自己綁手綁腳的運動，而非享受玩樂。想想小時候跑跳的精神狀態，那種酣暢淋漓的快樂，長大後就被恐懼或忙碌掩蓋了。現在要回到無所限制的狀況，信心必須先建立，而非被恐懼擋在門外。

寂寞的身體、寂寞的心是不可能好好享受每一個五十過後的日子。此時，一切都在轉換中：例如身分轉換——爸媽升格爺奶，上班變退休，年輕轉壯年或老年，身體也由直挺挺漸漸彎曲，皮膚緊實漸鬆弛，身高也會減低，這些轉變的種種，都悄聲無息地來到生命中，「突然怎麼就老了」，這是我父親給我印象深深的一句話。原來，不是「突然」，而是不「覺察」。

愛身體、愛自己、愛快樂、愛運動、愛漸漸變化的自己，也愛寂寞時的感受，愛自己一個人的獨處，也愛一群人在一起的歡鬧，甚至愛歡鬧中突然撲來的寂寞。或許，這種心理的練習，面對終局，或是「長照」都可以是美好的體驗吧！

11 睡伴？床友？

在朋友臉書上看到「寂寞」會殺死人，下面一排留言：阿公店存在之必要性，要找伴侶、床友等等，這讓人不禁想到「老年的性需求」的隱晦話題。

從醫學角度看生理需求，有專業醫學資料可以參考。從心理層面探討，也有書籍（但極少）專論老人生理需求。而大部分都是以理性又冷峻的方式討論著，好像這些「大人」們，一出現在地球上就已經長成現在的樣子了；似乎不大需要再認識這個階段的自己。而此時的自己，工作量不似年輕時的龐大，煩心的事大概也是如何面對漸漸老化的自己。認清可以為自己做些什麼而不用有負罪感，自責是否自私。（特別是女性。）

而成熟的人，如何處理單獨的夜晚呢？

有本書《心靈的深夜對話》，是在探討如何再次進入關係而不恐慌，當人們進入第三人生時，會思考是繼續留在現狀中（有伴或單身）或是改變？留在現狀不改變，就要繼續像一灘停滯的水漸漸發臭？或是改變？改變並不意味著離開，而是重新發現的過程。

《心靈的深夜對話》故事非常簡單：一對老人，各自單身，男的邀請女的夜睡，不能觸碰彼此，只是躺在床上聊天，如此而已，而男的在小鎮有些八卦流傳著，女的也聽說，但終於選擇自己去了解，因為女主角不想活在人云亦云的世界中。

「夜睡」不能觸碰彼此？蓋棉被純聊天？可能嗎？尤其是東方人的社會！能做不能說的事，能拿上檯面嗎？於是我開始假想：我要找一位夜睡床伴的條件是什麼？心理建設夠足以面對外界的眼光嗎？就算足以強大到以「干外人屁事」的勇氣，而面對夜晚來臨，兩人單獨相處時的情境，是不是會立刻想逃離現場呢？繼續留下來可以像朋友一樣自在的說著故事嗎？還是洗洗睡，一個客廳？一個臥室？

這兒立刻遇到幾個有趣的問題探索：有話可以聊嗎？話不投機半句多還是漸入佳境？

另外，老人身上的味道是非常明顯的，但，通常自己並不知道呀！平時保持健康的習慣，才不會有味道而不自知。如何保持健康充滿活力的味道，是需要早一點的人生練習。

不抱怨人生的對話是令人嚮往的。

當人生充滿歷練，有種凱旋歸來的榮譽感，並且帶著對人生的敬意及對自己的勇氣而心懷感謝。喜歡沿路的風景，必然歡欣分享而不自滿。起伏的人生，才是有滋味的人生。縱使世界不喜歡我，並不影響我喜歡自己呀！

如果，兩位床友，有如老戰士般分享著過往的傷痕，說說笑笑一整晚，很深刻的心靈對話是超越寂寞神經觸動的慾望夜晚吧！獨自一人很好，為何要再找一個人來添麻煩？這是壯年入長照前的我們的矛盾吧！總想著，或許有一種相處模式是似於這個階段的我們吧！「招之即來，揮之即去，卻彼此給信任與自由，愛是流動著的」，可能嗎？

《心靈的深夜對話》到最後男女主角因為家族的關係，並未如願的生活在一起，而是各自獨立的繼續安好。但，仍然保持著聊天的渴望，念想著對方的城市是否寒冷。整個過程是一種發現的過程：發現自己需要心靈上的理解與對話，外在的接觸都在內在滿足後才自然發生在肉體親密。（老年的親密行為是另一個領域。）

年輕時，是從外在肉身下手，先探索外在的身體後，再來決定是否要進入內在的理解。年輕氣盛耐心不足，花花世界太有趣，絕少單戀一枝花。

年長很久之後，便走相反的路了？

寂寞是一位隱形殺手，青春不識愁滋味，也認不出寂寞的色彩，但，寂寞不曾遠離，默默守護著，直到繁華褪去，寂寞依然佇立陪伴著。那份驚悚感勝過泰國鬼片。

如何與寂寞同行？是可以早一點學習的。

看了鄭華娟新作中提及她老公有一次幫她盛湯，卻被她婆婆問：「她是不是人不舒服？」對我們是愛護的表現，在德國卻被認為生病了，多麼大的差別呀！從中也可學習到「獨立」是多麼美好的方式呀！不依賴也是減少對他人不切實際的期待。

記得與朋友去歐洲玩耍，大行李箱必須自己從一樓搬到四樓，房東是位男士，他根本沒有任何想幫忙的意思，後來得知，當地女生，沒有經過她的允許就幫她搬動東西，就是不尊重她。當下搬不動的我，多麼渴望他的不尊重呀！

這個部分讓人深思為何歐洲的老人是如何獨立自主的活出老年的尊嚴及品質！是不是少依賴少寂寞？是不是多期盼多失落？是不是不孝順才是孝順？

如何真正長成一位「大人」，身心靈都均衡成長？我也正在學習。

我是讓現在的我，保持對事物的熱情及好奇，不倚老賣老，不依舊有經驗活在未知的今天。不當好漢，因為當年勇都只是自己的人生歷練故事而已，沒有必要拿來說嘴，偶爾自嘲一下是非常好的怪招！要趁頭腦清醒找到美好的社群學習，也要在體力留存的現在，持續鍛鍊，為以後儲存健康額度。有健康才能行天下，走萬里路。有錢才能免於依賴及恐懼。而關於內心的寂寞，是更需要理解人生而單獨，寂寞可能會常伴自己左右，並需好好的習慣有它為伴的事實，而且，滿滿地「愛」自己，也會讓「寂寞」，不那麼刺痛，即使有感孤寂時，也有能力求救或自救。

如果真的真的無法忍受了！被「寂寞」慢性浸斃了！也不遺憾，因為有好好活過了！是以愈長大愈不勸說他人要怎麼活才是最好的方式，每個人現在的狀態就是自己活出來的，是自己一路人生選擇決定的結果，都只適合自己。

我自問我喜歡什麼樣的人生第三幕？

或許我們都可以問問這個問題。因為還有時間，還來得及！

12

對自己慈柔吧！

沒事找事做的閑散時光，允許自己吧！不孤寂。

當生活與工作不再緊密糾纏的日子，我準備好如何面對它了嗎？有朋友曾說：你的工作不是退不退休，而是想不想演下去。我信了，當時的我，在某些因緣之下，陪伴朋友去找濟公師父問事（以下簡稱小濟）。小濟，是一位宗教博士，辦事時則是濟公師父的乩身。每每我等待時都在想要問什麼問題？絞盡腦汁擠出幾個自己也知道答案的題目，尤其是近些年，清理自己過去的人生，要和好的朋友都一項一項的逐步聯絡、吃飯、約會、聊聊塵封往事，要不要繼續當朋友，拾回往日情誼，不抱任何期待值；因為認知到，朋友都是一段一段的陪伴，有些長有些短，聚散離合都很自然，只要心中還有一絲掛念，就聯絡一下。簡單的友誼讓人輕盈許多。「愛情」是小濟給的提醒，雖然它不在我的提問中。一個人很好，兩個人也不錯，或許這是我最難離開的舒適區——獨處時光勝燭光，千金難買的愛自己。別誤會，愛自己不是只愛自己，而是愛自己之後才能愛人如己吧！或許，不一定是「愛情」，而是包含「愛情」的感情才是適合自己的吧！但我也將提醒放在心上，敞開心胸，不斷練習「愛人如己」。

倒是被提點了好幾次，在我猝不及防、還沒開口，小濟直接問：你打算還要做多久？心想：工作嗎？可以做就一直做下去呀！直到市場不再需要我，我就離開。第一次沒有放心上，第二年，小濟還是在我沒開口時，就先提問我這個「老」問題，我才明白，我對「老」後生活根本沒有思考過。我說：我沒想過。

這個問題在疫情期間，可是發揮了大功效！影視、劇場工作全面停止；剛開始還不覺得嚴重，因為才開始，覺得是放大假，可以好好休息一陣子，大家一起放輕鬆，沒有什麼不好的。怎知，疫情非常頑強的不肯停歇的持續著，而且是全球性的嚴峻！台灣二〇二〇守住平安，但二〇二一加入了全球殘酷病毒抗疫遊戲中，開拍、開排演出的日子，看不到盡頭的每一分、每一秒都是火在燒，心在焦！此時，小濟的話語浮上心頭，「你還要做多久？」心想：難道他是這個意思？斷頭式的工作停擺？經濟條件暫時允許可以不工作，但長久以往，則會坐吃山空呀！

「人無遠慮必有近憂」，真是好話一句。本以為平順日子就這樣無災無難的過著，還是太平日子過久的人的心態吧！就像一直處在青春期的人們，在父母變老離世之前，都一直以為自己是個孩子！

這時的生命狀態是獨特的，以前沒有想過會遇到的都發生了。身體的變，關係的斷捨離，朋友的突然離世；如果有一種戰鬥指數表，就會是線條下降的曲線，所以生活的態度或思維都需要轉換了！無遠慮的日子，必然遭受「災」的近身灼燒難耐吧！

劇場老友離世，突然出現在朋友群組裡，她演過我某一齣舞台劇的母親，比我年輕一些。獨居單身無子，前幾年世上唯一的親人父親也離世，她整個人更寡言，更避世，有心的朋友們會特別邀請她出來一起晚餐，聊聊天，談笑一整晚，然後各自回家，各自安好的生活著。我是很常在電視劇中看見她精彩的表演，心中好為她喝采，真是優秀呀！

年長的女性演員的工作量已經不如年輕時那麼多，當然體能也不如年輕時的狀態。聽說「她」非常節省，一家只有她一人賺錢，再有更多的遠慮，似乎只是無法跨越內心孤寂的高牆吧！永遠無法知道真相了。她是失聯許多天才被意識到可能有狀況的。

父母是大樹庇蔭著孩子
父母是土地支撐著孩子
父母是風　吹拂著臉龐
是水　滋養著生命
如水　照亮暗夜
內在小孩　渴望回去溫暖的子宮
回去了　平安到達
回到了　溫暖懷抱

沒有孤寂　無須憂慮
成為　光亮的一部分
接納一切的起揚與落塵
接納一切
好友呀！妳是我的老師，教導著還在呼吸的我，如何無所畏懼的持續「好人」的練習。
短短地，為她寫下一頁，致敬！

13 我show，故我在！

最近，朋友開始搞自己的show場，玩大玩嗨了！

年近六十歲的好友，非常認真的整理自己手上有的資歷與人脈；準備大玩特玩一場。他約我聊聊要不要一起玩一把！我心想：果然來到人生第三幕，必須做些創造性的事情，不再依附製作單位給機會，而是自己主動出擊。

演員的職業是被邀請與被選擇的工作特質，然後在時間內完成拍攝的工作（或排練及演出），負責的工作內容集中在劇本角色故事的再創作及品味選擇，其他的部分由各個不同專業領域的工作夥伴完成。演員是被照顧的，而因為是呈現的結果，演員是被放在第一線被看見，好壞效果都直接衝擊到演員，其所承受的成敗榮辱都充滿壓力及未定性。所以，「演員」這個職業需要強大的心理素質，才能走得長遠；而我這位好友就是如此的演員，童星出身的他，從影五十多年，一身幽默感，百毒不侵樂看淡然的現在，卻決定要自己玩一場人生大show，結合可以運用的星圈好友與自己爵士音樂的豐富知識，另一幕的走跳人生開始。

之前看過一個報導：美國進行了一項廣泛的研究：人類最富有生產力的年齡在六十歲到七十歲之間。人類第二高生產力的年齡在七十歲至八十歲之間。人類第三高生產力階段是五十到六十歲。看到這篇研究報告的我，嘴角不由得微微上揚！自己真正的創作高峰期才要到來，又一轉念，這是真的嗎？為何與社會普遍認知差異極大？但又深深感到：對，就是這樣呀！因為諾貝爾獎得主的平均年齡為六十二歲！這個報導是非常鼓勵人心的！

社會上的認知「老」，或許是來到需要修正的階段！

現代人與以前人的醫療、飲食、資訊等等，已經是宇宙級別的差異，認知上不能停留在古早以前，而是更加需要善加發揮高峰期大人們生產力，改變認知風向，也是需要以行動展現，才是王道！

許多成熟人社團也開始意識這一個現象：在進入「長照」世界前，身強體健自己尚有夢，要實踐。而且，也因為有創造玩耍的心情，人生又將再次開掛，成為「不老青春」的人生玩家！因為「活」著就是要「動」的活動理論推動下，身體再次充滿電加滿油，而這次不同於年少時期，腦子清楚口袋滿盈的狀態上路，必須可以玩出不同於青春時，體力已成為王道之路，年少狂妄期，我經歷過，整夜不睡舞到天明，隔天照常上學不缺課（雖然腦子一團霧）！

早已脫離了熬夜人生，因為熬夜是補眠無法修復勞累細胞的！好好保養自己是人生第一職志。

《新英格蘭醫學雜誌》研究發現：人在六十歲時，情感和心理潛能，就可以達到巔峰，並一直持續到八十歲。（如果照顧得宜，還有二十年可以好好玩耍，多棒呀！）

與好友的創作已經展開了，討論過程真的感受到人生的經歷不會白白發生，更不能輕易浪費！一個小小空間，幾個人各自提出想法，而每一段故事真是有血有淚、有笑點又帶著些許的哀愁！「少年不識愁滋味」真是反義詞的最佳寫照。

人生至此，自己作主。

第三幕的到來，不情願它還是來到面前。不聽不看不提及，都無法改變事實。正是好時機的重新整理人生一下。人生的背包中有什麼值得留下來？有些必須丟棄的？甚至是灰色地帶的記憶，更需要好好整理它。

「創作」是最棒的梳理方法之一。當過往經驗能成為故事，可以被述說或是呈現，就已經滋養了生命，有能力回望人生刻痕是一種勇氣、難得的能力！時間拉開了距離，因為有了距離，才能看見美，因為適度的距離才能「欣賞」過往經歷如風景！參與不同社團是必要的，在適合自己的社團中，如舞蹈、戲劇、繪畫、登山、植栽、中醫及各種療癒等等，都是一場又一場的梳理生命，整理背包後又可輕裝上路的學習之旅！

而好友的show，更是如此！

他有花系列好友的熟成演員朋友群，如今都已來到生產力巔峰期，每一位都好值得被傾聽，他們的故事肯定精彩。以前的第一幕屬於家庭，第二幕屬於工作，而今第三幕是否可以屬於自己？我也是如此自問著，我會以何種樣貌登上自己人生的第三幕？喜劇人物？悲劇角色？抑或是全新後、嘗試過的各種冒險，如徒步環島？古道趴趴走？登百岳？環遊世界？賺玩全世界？人生教練老師？出版界？再創表演新境界？開畫展？很瘋狂嗎？為何不可以又瘋又狂？早年不允許而已，現在還要限制下去嗎？

語言是充滿暗示性，極具魔法的。

我們是如何暗示自己？自己可明白？每次腦中偷偷提醒自己：要小心，可能會失敗，會丟臉，不可能做到，自己有年紀了，別傻了等等，對自己下語言的咒語，而且它也會成為自己觀賞世界的真實呈現。有沒有一種可能：每一次腦中提醒「小心」「老了」「別丟臉」時，寫下來，並謝謝它，然後改成「真勇敢」「太棒了」「好有智慧」來回應！最近因為預約到

第一劑疫苗，回報工作的劇團，窗口回應這樣的施打時間還是檢測，直到第一輪演完剛滿十四天，我真心覺得是好事，一切都是剛剛好！完美！而窗口朋友覺得我反應非常正能量，我問為何？他說：我都沒有煩躁！很奇妙！我回答：煩躁有用就要煩躁，沒用，又何必浪費力量在煩躁上？

我是有注意到腦子會暗示自己，有時是好的提醒，有時是限制，讓人失去勇氣，時間久了，更無法跨出舒適安全區域！而我會聽見心裡的聲音，而非腦袋的。如何分辨是腦還是心聲？要練習認識它，多半阻止之聲是來自腦袋內恐懼之音，「不可以」「不要」「不×」之類的，而心裡的「愛之聲」，多半是願意等待，不成功沒關係，也支持陪伴著惴惴不安的內在小孩！心裡的「愛之聲」像個溫暖的天使，會看護著每一個冒險的小靈魂，直到出發冒險。多聽聽「愛之聲」，就會認得出鼓勵自己的力量之聲。

而最近好友聽隨了他的心內「愛之聲」，他勇敢地展開了人生 show 一場的大戲！而我也深深被鼓勵著！好友，他比我大幾歲，我隨後報到。

14 生命煉金術

最近和朋友聊到年過半百，人生所遇到的坎兒要如何面對它，需要處理它嗎？放不下又怎麼辦？朋友有修練自己，而且非常認真投入，很願意分享自己生命揭露的點滴而沒有壓迫感！她說到生命中的「坎兒」，稱之為「珍貴的石頭」。石頭被珍視，不就是寶石嗎？

這讓我想到「石頭記」，《紅樓夢》另一個名稱。女媧補天剩下的一顆石頭，幻化成通靈寶玉，富貴人間一場夢！粗淺的說故事就是石頭的自傳！石頭是宇宙洪荒，萬物初始的首要生成呀！空氣、能量是肉眼無法立即看見的，而當灰塵、沙礫在時間中聚合之後，從小石頭變成大石頭，然後地球、星球吧！有趣的事是早期遠古微生物如何被證明曾經有過，「化石」是證據！就是有機物被封印在石頭裡！（好像孫悟空被如來佛祖封印在石頭下一樣。）

石頭可以是一種象徵：時間累積的顯化或是卡卡過不去的坎兒人生。也可以是真實的存在：眼中不容一粒小石頭，身體的結石——膽結石、腎結石、牙結石等，都是生活中難以承受的真實提醒。

文學的隱喻，或是生活中、心理上累積出的困境，或是身體卡在發出的情書，都是以「石頭」為形象出現或書寫之！

絆腳石是令人欲去之而後快的討厭鬼，經驗幾次後，便學著不正面迎擊，而是繞道而行。學乖教訓是不是人生進化的表現？還是認慫的接受自己不完美？這個部分在科幻電影中，找到了一絲光。本來就愛看電影，現在更歡！因為拜科技之賜。

在上兒文所博士班（現休學中）時，在一堂動漫研究課中發現，我根本是科幻迷。高度服用科幻電影者。漫畫分類中的冒險漫畫、科幻漫畫、奇幻漫畫、恐怖漫畫、歷史漫畫、武俠漫畫、成人漫畫、女性漫畫、少女漫畫等等等等，我酷愛科幻及奇幻類。而當科幻電影將漫威系列改編成電影後，更是令我興奮不已；原來我根本不是少女粉紅泡泡群，而是鋼鐵正義女超人呀！這個也讓自己製作了許多「絆腳石」！自己搬石頭擋在自己的前進路上！簡單說：我此時尚不理解「石頭是寶石」的真理，寶石是時間尚未累積前的石頭。但當我看到了科幻電影的無限寶石，忽然，豁然開闊了腦子，原來，每一個「困難」、挑戰、冒險都是寶石的潛力股呀！

雖然「無限寶石」出現在漫威漫畫中，雖然是虛構的六大寶石：「心靈寶石」、「靈魂寶石」、「空間寶石」、「力量寶石」、「時間寶石」、「現實寶石」，似乎也涵蓋了人生必須要面對的、看得到的，例如：空間、現實、看不見的心靈、靈魂、力量等等，線性與非線性的人生軸線。（我的腦在燒了）

線性軸線：一日的日出日落所發生的故事與體驗。

非線性軸線：一念之間的心思瞬移，上天下地的沒有順序出現，忽大忽小的年齡片段或是與過往尚未和好或遺忘的記憶碎片等等。有些原生家庭給的金錢觀，限制了長大後對金錢的不安全的恐懼感！或是小時候家中排行順序造成心理的沒自信或對父母不公平的愛而印上心中傷痕！而這裡累積到年過中年後，不但是一路上的絆腳石，更大到如山一般，無法輕易繞道而行了！此時，就是剛剛好要面對與轉化成墊腳石的時機，也是石頭轉化成寶石的拐點！

最近愛上寶石（轉化後的石頭），看著光彩奪目的水光，遙想它之前是沉澱了多久才結晶成為現在的「它」，它是石頭，但超越石頭。

二〇〇六年有一部《瘋狂的石頭》，非常有意思。故事極簡單：一間要倒閉的工藝品店，發現一塊價值連城的翡翠，便開始了一連串瘋狂的追逐行徑！石頭的價值也是人為所訂！而人會為這個人造價值而捨命追逐，造成瘋癲行為，才是要深思的部分。而我們的人生中的「石頭」呢？我們可曾為它瘋狂？

考古學系為埋在沙礫石堆塵土中的遺物瘋狂！

生物考古學系為化石瘋狂！

女媧補天遺留一塊石頭成了文學作品中的寶石！

孫悟空被一塊石頭壓了五百年才能重返世間！

牙醫解決牙結石！

肝膽醫科醫生超音波震碎膽、腎結石！

眼科處理眼結石！

文學、藝術對「石頭」還是偏愛的，畢竟逆境是創作的源起！

哲學也愛「石頭」，薛西佛斯的神話，更是希臘神話中特別情有獨鍾，熱愛推大石頭上山的故事！

一位被神懲罰的人，每天都推一塊滾下山的大石頭上山，年復一年，日復一日，永無停日徒勞無功的工作著！這似乎有點像現今無法停止的反覆工作的日常呀！而這故事的主人公是因為狡猾、欺騙而累積了大量的錢財，要歸此時尚沒有理解守信、正義的要義，靈魂被攝走，買下肉身繼續反覆且無用的做著工。

因為，此時的自己，對人生第三幕、下半場，有著創新的衝動，不願意像「薛西佛斯」一樣的每日推著大石頭上上下下！而是化石頭為珍貴的寶藏，石頭已經磨成輕盈美麗的寶石，願每一次歷練都是自己未來生命的墊腳石，願每一趟自我探索都是和諧生命的篇章，也願每一幕投射演出的人生，都滿心歡喜的圓滿落幕。

因為科幻電影讓腦洞大開：《駭客任務》1、2、3部曲，對於世界是矩陣或是只是電腦程式太太太喜歡，表示世界不再只是單純物種進化論或神創論而已，又多了一種重新思考「人」為何而來？「自己」是誰？的本質提問。

自己的生活自己找答案吧！

或許阻礙了順遂感的「石頭」，是一種開始向內探究的可能！讓石頭變珍貴吧！自己可以成為自己的生命煉金術師！

（P.S. 喜歡看科幻電影的迷，另覓他日再聊。）

15 無限與有限

值得談一下嗎？關於時間。

「時間是幻覺」這是偉大的愛因斯坦臨終前，親筆寫下這句話。這是一個多麼大的鼓勵呀！因為如果秦始皇早一點聽到這句至理名言，可能對「長生不老」、「永生」就少了許多追求吧！

前一陣子，看到網路節目《我們回家吧！》入圍金鐘獎。網路節目以前是不被電視評選納入其中，而自己曾經當過金鐘評審，過程中就討論了網路時代不可不面對的刺激，因為，網路的自由、方便、多元性，已經在時間的汰舊換新的更替中，出現了品質優良的節目，這肯定是未來的主流！而《我們回家吧！》是討論關於生命等於「家」的節目，而且非常深刻及震撼！有一個系列〈明天之前〉，有一集談及「安樂死」。一〇四歲老人遠赴澳洲，只為求死，這似乎與求生，求永生的人類渴望相違背呀，而是這位老爺爺，一生榮耀、福壽雙全，人生沒有遺憾了！但最慘的事：他還活著。而這個活著是無法再旅行、再閱讀，不再自由行動了！這也可能是最痛苦的事了吧！「老化」是老爺爺最大的身體現象，而這不可逆的時間，一直向前奔馳，是沒有煞車閥，不可能自己喊停的！現實不可能，但電影容易多了！時間都是任意門，隨時穿梭！

《時空永恆的愛戀》，就是一位女士被某種電力大量電到！她整個人生從此被改變。容顏一直保持二十八歲的美貌，她的時間停止了，但其他人的時間並未停下來，這就是悲劇的開始，如何看著愛人老去，孩子變老，為了不讓自己心碎，於是她開始四處遷移，不願再談感情，無法自己好好相愛相守，因為十年就必須換一批朋友、工作、人生。

當然，這種痛苦不會發生在現實世界裡，但可以反思，有限時間要如何去愛？去活？因為，那些「永生」「萬歲」，反而是一種咒詛或痛苦吧！

人是矛盾的，有也不滿足，不夠也抱怨！命太長原來也是會痛苦的呀！尤其是最後那一小段路程，看似很近，但對當事者，命漫長得如宇宙洪荒、地球初始那般悠長與難耐！而太短更是令人不勝唏噓的感慨，老天爺不公平、沒長眼，明明是好人，卻不長命之類的。

最近朋友的兒子出了車禍，在臉書上求集氣，給正能量，而現在卻有點無力回天的問怎麼辦？正值壯世代的她，怎麼去承受與接受這個殘酷的事實！

壯世代的人生，是充滿著故事的！長大的過程為了家庭價值活著，父母期望的眼光，大部分的人不會走叛逆的！直到壯年，父母垂垂老矣，兒女也長大成熟，不用再處理他們的情緒，卻是開始自己的「向內看見」「覺察」的節奏。「可以不要嗎？」我自問過，當然可以，完全浸淫在工作中，似乎像犯了上癮症一般而不自覺，想過一個問題，特別是壯年之後的「成功上癮症候群」之失落感，造成的不舒適的憂鬱感受，其實是深深刺痛著年屆退休的我們！

九月至十一月是台灣金閃閃的入圍領獎影視盛典，唱片界：金曲獎六月較早。廣播金鐘、電視金鐘都是九月公布，十月頒獎，台北電影節九月公布入圍名單，十月頒獎典禮，最盛大的金馬獎：十月公布，十一月頒獎典禮！基本上所有影視工作者都在這時候等待一整年（或好幾年）的工作成績單公布，但總是幾家歡樂幾家愁的現象，例如有人就公布「遺珠」名單，而這相對也是鼓勵未入圍的工作者，要繼續往成功路上勇往直前，前仆後繼，一刻不得閒！

這對我而言，「獎項上癮症」就發作！

在十年間入圍六次金鐘，得獎三次，入圍一次金馬獎；這種資歷太容易上癮而不自覺了吧！而九月至十一月的時間，是不好過的，因為有「癮頭」犯了，卻沒有解癮藥！似乎唯一「解癮」的藥就是再大量投入時間去爭取拍攝好製作，以便下一次可以為勝出眾人做準備！而再多作品也只有五位入圍（有時還不是五位），一位得獎者（有時從缺），認真思考一下，典禮是敗部者聯盟吧！贏的人有時會不好意思，因為有四位可敬的對手在台下難受傷心落寞呀！觀眾不會了解這個心理過程，成功者是有慶功晚餐與獎金，而沒得獎的入圍者，穿著精心打扮的妝容，卻像落敗的公雞，整個像洩了氣的皮球，回到家卸了妝，梳洗完畢，腦中盤旋剛剛典禮中公布得獎者時，鏡頭照到自己有沒有管理好表情，給出最真摯的祝福微笑及收起失落的微表情。

「上癮症」就是又痛又癢又爽又想逃卻又逃不走！像極了愛情，是吧！任何上癮症都令人迷惑與陷入！

今年九月到十一月就是上癮症犯病的時刻，這段時間特別長、特別慢、特別無法逃避！我直接看進這個令自己迷惑的遊戲，自問可以停止嗎？可以不再犯癮嗎？後來找到一個小解藥：一場遊戲，好玩很好，不玩也可以，祝福玩的人，願大家玩得高興。這一局我先不玩！等待想玩再加入吧！我可以先玩別的遊戲的。我是有選擇，不用在同一個遊戲中的。我不斷地內在自我喊話與信心重建，突然間，靜止的時光，飛也似的前進，立刻離開了舊的遊戲！不再當牢籠中的囚犯。

時間與空間是在一起的。

有時也是相對的感受，我不是物理人，但愛看物理、量子、光速、震動頻率等等，使得自己在壯年期進入老年期的人生第三幕，我仍然可以有選擇地不再玩老遊戲。換個地方，改變視野，似乎時間也被善用了！不再落入情緒低落，自我價值的否定中。

即使有獎項但仍然不滿足，就是「成功上癮症」焦慮的後遺症！

感覺是心的語言！感覺不好，就表示「心」在打電話給我，提醒自己是有價值的，很棒的，精彩的人。轉頭看自己有的，不要聚焦在沒有的！「心」是鼓勵大師，「腦」則是「評斷」大王，兩者有時自己都忘了誰是主人？誰是輔助？而在這次離開「成功上癮症」遊戲中，如果沒有疫情期間漫長又需要耐心的等待，心是無法取回它的主導生命權的。

疫情期間的慢，對我而言是一種內在的快的感覺。

外在的暫停：工作暫停，人際交流暫停，戶外行動暫停，飲食換自理，旅行暫停，幾乎呼吸也因戴口罩都要暫停的日子。內在的快：身體要不要保持運動，飲食要改成自己料理，二十四小時只與自己在一起，許多陳年往事的小雜音非常吵鬧而頻繁地出現，但很有意時，時間愈長聲音愈弱，因為「小雜音」會累！就像小孩哭鬧，大人為了省時間（或沒時間），便宜行事的方式就打發了小孩，小孩的目的就得逞了！而每一玩鬧，因為不夠時間慢慢陪伴它，於是養大了一個怪獸小孩！我二十四小時完全只能面對自己時，內在「小雜音」有被完整傾聽及陪伴，它就合作了！焦慮不見了！煩惱消失了！活力增加了！笑容滿溢了！

時間當然值得談！而且要好好明白時間是拿來用的，不是用來「殺」的。

無論時間根本是個幻覺，如愛因斯坦所言，或如一〇四歲老人對「安樂死」的追求，或是如電影中女主角看著愛人老死而去的長壽產生的痛苦；我只想好好地在這段有限時間中，去展現無限的創意生活。用熱情點燃每一個清晨、每一次呼吸、每一個眼神相遇及每一個夜晚的安睡！此時時間長短不再是值得的煩惱的人生議題了！因為每一次的每一項都是全力以赴的百分百在當下玩樂享受，就已經無限的長生不老了！

「時間」是老高與小莫，或許多網路朋友尚無法說清楚；我也只是拾人牙慧的自己胡亂碎念，好讓自己的「癮頭」得以緩解！

16 擁抱即天下

作了一個夢，很少作夢的我，夢見教書老友談戀愛了！男友二十多歲！

從夢中醒來，我問自己，為何不能接受她與二十多歲的學生談戀愛，甚至結婚？為何質問男孩子（真的好年輕的小男孩），你圖她什麼？你們總有一位先走，如果她先離世你會傷心，但有一筆遺產，而你先離開她，她怎麼面對沒有你的日子？深情如她，怎堪花甲之年情場退敗？以上都是夢境的一瞬間感受。

而帶著這份夢境給的感受去工作了！

《我的大老婆》這齣舞台劇，談及男人暮年對青春的眷戀，對肉體的渴望，對老年的恐懼，而女人則似乎到了半百左右，慾望不再被提及，甚至做了母親後，已經脫離了「女人」這個充滿性幻想字眼的範疇，進入了神聖無欲的「母親」世界。但，這是謬誤區域呀！而通常人生走到第三幕時，都會再一次（或必須）檢視一次關係，特別是親密關係。退休之日近在眼前，彼此已經無障礙的要二十四小時朝夕相處，這個完全是新的戲碼。

工作狂期間，彼此都會體諒對方因工作的體力、心力、腦力不足以面對活生生的嬌妻或帥哥，許多時光（特別是親密時光）容易草草像過場戲，這讓我想到電影《命運好好玩》裡那個「萬能遙控器」，聚焦成功，全力工作，其他的陪伴孩子時光，與愛人親密時刻，都以快轉進行。直到死之來臨，發現身邊只剩與成功有約所留下來的工作人員，而留下來的理由是出於職務需求，而非愛，男主角錯過了太多，孩子成為繼父的好朋友，妻子成為好友的伴侶，自己的前妻，而自己則是住在高科技醫院王國裡的病人。當然，電影是電影，用以提醒人生，而人生是真實的演出，每一分每一秒，每一場戲、每一句台詞，都至關重要，它可以影響第三幕是走向喜劇收場？抑或是悲劇結尾？

我帶著夢境殘留的感覺來到演出後台。

劇中另一大老婆姚坤君老師，在我夢境分享後，也提出她的看法：為什麼社會不祝福女大男小的婚姻或戀情？同婚都被許多人祝福，為何「老」的與「小」的結合卻不被社會善待？而男大女小是被社會大多數人接受的，而女大男小（特別是女大很多）是容易被視為笑話的，更別談祝福了！但有沒有可能是東方人的父權思維？對於女性年長後，沒有生育能力，不再擁有傳宗接代、孕育下一代的能力，就沒有價值了？會不會女人的價值仍然與其是否擁有「生產力」有關？而這個與「愛」無關？彼此相愛這麼簡單可以嗎？

基努．李維愛的是一位成熟又有智慧的藝術家，視覺看起來比他大，而實際比他小九歲，這種男神的女友依然被世界拿出來檢視，仍然第一時間不被祝福，好在男神沒有怕，愛是一切。是「愛」最大的信徒行為，感動！而法國總統堪為天下男性典範——女大男小世界版，其妻子布麗吉特比他大二十四歲！馬克宏出生時，布麗吉特已經大學畢業工作好幾年了！用這種思維去想男大女小（太多例子），被說成浪漫，被形塑成出生的等待，為他生命中的小公主蓋好城堡，鋪好紅毯等著她長大！而女大男小就是一則笑話，多年前，小鄭與莉莉的故事是多麼扎心的新聞呀！幾乎沒有一絲祝福，只等著分手的笑話結局。

姚老師說：社會對「老」有歧視，不友善。而我們都走在「老」的輸送帶上呀！每一位都在這上面呀！

最近起床前，常常在想：今天要做什麼？轉念一想，昨天晚上不是才告訴自己要做什麼嗎？有點意思的我，拿起記事本看了一下，「好在有寫下來」，心想。或許，只有自己才能覺察每天的身心靈變化，我喜歡用筆記下來，用文字活化腦迴路，當那些嗡嗡聲被書寫出來後，它有被重視、被梳理、被關注後！它就像小孩一樣被疼愛了，就安靜了！像現在的我，就是拿起筆，在稿紙的小格子中，一字一句一逗點一符號的爬梳生命的點點滴滴，歡慶著生命的故事！

有研究指出：男人到老年對高頻的聲音失去接受能力，而女人則是低頻聲；男人耳背，女人碎念的老年，似乎也是老天爺給的白頭偕老的禮物呀！「愛情」在每一個年齡段都可以被祝福嗎？可以不因社會觀感而阻止了「愛」的發生嗎？其實，我曾被問過最大最小可以接受的年齡範圍為何？男大似乎可以接受的年齡差數字大許多，如果，一樣的數字，例如：法國總統那樣的數字二十四歲，我竟然冒出來的是：人家父母不舒服吧！我真的像老母親一樣的心態呀！

而我身邊真的有男大很多的朋友，而且比女生的父親還大兩歲，一位名人（名男人）是否就是擁有青春通行證，可以走跳於社會而不被歧視？男性一向一直扛得住社會輿論與價值觀，而女性太難？這副歧視的枷鎖何時可以從自己腦中解放？可以自己先不歧視自己嗎？即使「老」了，仍然愛著自己，不打擊自己對自己的信心？

是時候了！

有伴的你在人生第三幕，二十四小時面對的不只你的伴侶，而是自己呀！因為無論是「老伴」、「嫩友」，都會像一面鏡子，清楚地照見自己的樣貌！鏡中反射的自己是什麼樣兒——美好又放鬆、自在又接納？還是追逐春信，怨天停滯？無論哪一個，都是自己，都是慢慢養成的「自己」！既然，自己有能力將自己養成現在的樣貌（有時可能覺得不是那麼自主意願，但不可否認，自己開放了外在價值進入，影響了人生的選擇），也就是表示：可以有能力養成自己理想的樣子呀！

我現在書寫著我第三幕人生大戲。

行動派的我，是屬於邊做邊修正，因為沒有一套完美的劇本在等著我上演。即興演出是冒險與不確定的。對於一位表演者而言，拿著編劇的文本，說著劇本的台詞，走著魔幻的舞台，演著戲假情真的劇情，流著為角色傷心的淚，一點都不能出錯，因為觀眾正在觀戲呢！而自己的人生呢？

演著誰的本兒？說著誰的詞？卻流淌著自己的淚！

那個老友談戀愛的夢，似乎也正是提醒著自己的渴望吧！首先，無論幾歲的「愛戀」都要祝福它，即使是衝動，即使是臨老入花叢！因為是當事人的需要，是他個人的冒險與即興戲！都要尊重他！「單身」一人的美好生活，也是充滿祝福；不要建議或提醒——老了沒人陪伴或是推出去曬太陽，因為事實是：推出去曬太陽的肯定是護工。

需要親密感時可以呼求——我需要被擁抱！

女性與男性的親密感的需求是非常不同的，曾經有與女性朋友聊到：她只需要好好的深刻地擁抱，為什麼男友不懂？這個有很困難嗎？

我半開玩笑的說：男性很可憐，在兩性學習認知上擁抱不只是擁抱，而是一連串親密行為的開啟，擁抱然後就要執行寬衣解帶，然後……一擁抱就上膛，久了彼此都害怕擁抱了！女友怕男友上膛，男友怕女友擁抱，彼此都有壓力了！不再擁抱了，也不再親密了！

可以簡單一點！就是「擁抱」！單純的擁抱！

小孩喜歡抱抱，動物喜歡抱抱，老人也喜歡抱抱，植物大樹一樣愛擁抱呀！這是一種不帶有歧視的親密感！不要被誤解成騷擾的社會事件！

如果有一天，我在大街上擁抱青春少年兄，我可能在戀愛，也可能在祝福彼此，請你祝福，不帶歧視的祝福，因為，冒險與即興的戲碼正在上演，也可能是整人遊戲的橋段，無論哪一項，用溫暖的日光看著，並心中默念，好勇敢！真棒！

17　分批練習曲

可以與家人聊聊百年之後嗎？趁著青春體力好時！

最近，有機會參與了某項劇本評審案，而劇本主題是「善終權」，故事大綱大概是女主角生病了，決定「善終」不急救，沒有太多牽掛的她，只有女兒與外孫女，與先生關係也在他生前就放下了愛恨情仇，也明白人生走一遭沒有遺憾，足矣。但，真實人生似乎更困難更複雜許多呀！

那場評審會議結束後，不知怎麼地，「善終權」三個字就在腦中留下來了！

思索著，「善終」是什麼意思？如何善終？特別是像我這款——單身大齡女子，要找誰討論一下，商議一番嗎？這些想法就如浮雲一般，偶爾飄過腦海，像碎片羽毛，落在散步的道路田邊。想深思，卻並未全然有意願浸泡式的淹沒自己，讓它成為生命中最重要且必須的思考。或許是「我」還有好時光可以享用，也或許「我」尚未臨頭棒喝必須面對，更或許因為「害怕」吧！

孔子曾說：「未知生，焉知死！」這似乎也不太鼓勵世人單看死亡這一個面向，而是將死亡與生命視為錢幣的兩面，要探究是必須兩個面向都要一起討論，如果單面討論「死亡」或「死」後所歸於何處？將落入恐懼、黑暗抑或是鬼神論中，而只看「生」這一面，將會沒有意識生命是有限的，到終了時，只能徒呼奈何！

因為知道生命有時盡，而且愈發覺得時間被壓縮在短短的「後壯年時代」，總覺得「生而可貴」的好日子要把握！

關於有限與自由，我也思索過！

生命有限是為何？出生就走向死亡是註定的，但人們反而像喝了孟婆湯一般，完全失憶！我也是如此！曾經忘了時間從來不曾錯待過誰！父母離世的現實，教了我二回，關於死亡！這個必然成為了「後壯年時代」的依循指標：情感面，要與家人建立良好深刻的支持情感。有血緣的家人支持是人生存在的基石，也是勇敢冒險的鼓掌部隊，如果沒有早意識到，血緣基因不一定是會相親相愛，可能反而成為相殺相搶，老死不相往來的手足！

在我四年的婚姻中，姐姐們因為我而借錢給前夫開公司，離開後的我終於開始賺錢了，心中不知怎麼地就與姐姐商量，開始計畫如何還款；借錢之事因為她們愛屋及烏才願意出借，而我心中也把姐姐們對我的愛放在了錢前面，寧願他欠我，也不要欠姐姐們，這樣簡單許多，讓姐妹情誼保持著純粹又飽滿的愛。當錢還清的那一瞬間，心中對自己充滿了讚賞，失婚的挫折感，自我無價感也得到了重振自信的證明機會！「我真的好棒，真他媽的會賺錢！」心中狠狠地讚美了自己一番！這是我人生逆流、人生低谷，可是，逆流、低谷必有上天的禮物、恩典。

我選擇手足情誼，打開了逆流低谷給的不太好看，不舒服的禮物。那個當下我並不知道「盲盒」禮物裡給的是什麼內容：是「情緒炸彈」，心中抱怨不滿婚姻後果為何是自己個人承擔？憑什麼苦果是我獨吞？等等不開心的負面情緒，抑或是轉移了對他人欠債，自己還款的金錢匱乏後遺症群的冷暴力，即對姐姐們的不善良對待是來自於前夫挫折感的轉移！（人多有趣，負面情緒狀態看見禮物也是炸彈吧！）

傻傻的我，並沒有選擇抱怨而選擇看見「愛」！恩典禮物盒雖然如盲盒一般未知內容物為何？但我相信「天道酬勤」，努力還款，努力工作不抱怨，果然，老天絕不會錯待人的：完善的手足之情及工作順利。

和諧人際關係：從前的自己，會為了和諧而讓，或是忍，而這其中看見自己有一絲絲的不願及委屈感！而也在最近有了重新認識「和諧」這兩字的深層涵義。

「和諧」除了對「我」之外，更多是對「內」，對「自己」的和諧。對外境「和諧」有可能是不喜歡衝突，害怕被貼上好鬥好爭的標籤，當一個濫好人不易惹事端，也省心少煩惱，有好處當然也有失去的部分；如果真的是隱忍，有委屈感，這個長此以往，身體肯定會生氣，案頭一疊又一疊的情書（病歷報告），讓自己意識到必須有勇氣為自己爭取屬於自己的部分。仍有為自己發聲，才會有好事發生。

巡演中，每一位主要演員都有一間休息室，但，我的考驗來了。因為工作人員忘了安排導演的休息室，第一個就跑來找我商量，可以讓出房間給導演嗎？以前的我會答應，雖然心中有不悅，但為了和諧，當了濫好人，委屈了自己的感受；而這次，我則表達了我的感受：為什麼第一個找我，因為我不會拒絕你，是嗎？再深層看進去，是她怕被拒絕，而我又是親民作風，我肯定會答應的；我答應了，但我也表達了我的不開心！我選擇內外都和諧不委屈的處理方式。加碼一個料：我生氣氣給她看一個晚上，讓我們彼此都記得這個休息室事件。

和諧不是只對他人外境和諧，也是對自己的感受的和諧呀！

我有位朋友，目前正在低調的辦理離婚前所有該處理的房產、保險受益人等等轉移事項。

她一直給人一種和諧無爭的平靜恬適的居家好女人形象，怎知她身體寫給她的情書已經高到與人平齊了！刀開了幾次，癌也轉移數處！終於下定決心要對自己內在「和諧」了，也聽明白了「內在和諧」是外境顯化的真諦呀！

以和為貴，息事寧人是古老的教誨。

現今社會已不是古早年代那樣的安適恬淡，再加上教育水準普遍都提高了，也對「階級」、「權威」有了平等看待的意識，一味的忍讓，用委曲求全的心態，已不是現在的主要思想。「偽和諧」是不能長久的！必須為自己的基本尊嚴及生存權利爭取！

以上這些文字——忍讓。相忍的信念仍然普遍的存在著，其底層的想法還是對自己價值的不配得到的自卑感作祟呀！爭取的基礎是自己有無被剝奪感！那種失去價值與自尊，都會讓人失去自信，表現在外的身體展現，有一部分會胃部或腰等區域受到扭傷或生病（如胃病、脾臟受損）等等！我是有長期覺察身體發給我的訊息，如果我對自己有失去信心，太過焦慮的情況，胃部就會開始產生疼痛感，屢犯不爽超級準確。

第三與過往的陳年老帳、舊仇新恨，都要斷捨離。

佛家有言：萬般帶不走，唯有業隨身。特別是在人生第三幕大戲上場時，大多是交作業或清算作業的時刻。我自己有意識到自己性格中不愛「欠」各種債，包括人情債，所以也把處理過去未完成的作業，認真的處理一番，該道歉的道歉，並且不期望對方是否原諒或拒絕，重點是要表達自己的心，真心誠意的表達。接著說不出口的愛也要當機會來臨時把握住。

有一天，巡演結束回到旅店，看見手機簡訊有一封來自我敬愛又影響我至深的老師——汪其楣教授，心裡激動。老師傳來一份她為我們「藝術學院」前三屆的孩子們整理的生活點點滴滴，如何從沒有校地，四處借場地為我們這群孩子們的學習奔走。看著老師的文字，那溫度及力度，充滿著愛與溫暖，我終於用簡單的文字表達了對老師的敬意與愛！對我這嘴不甜的人，是多麼寬大的跨越呀！謝謝汪老師的教導，特別是當一位好人（當一位好有趣的人）。

好好處理每一份「作業」，是我人生的重中之重，帶著覺察輕盈地生活在尚可以玩樂開心的每一天。就當是冒險吧！也要輕盈上路。因為知道有一天要面對 ending！現在就將活著這件事好好地展現吧！

「善終」並不是只關注自己而已！還有愛我們的家人。

約老弟吃飯，談及「百年」後自己要葬在哪兒，話音未落，嚇得老弟說：妳還可以活五十年！但我是有心與他討論，或許他尚未準備好；但，終究要討論，慢慢來吧！目前還有時間，分批進行對話是比較合適的方式，畢竟我們都還在尚未準備好失去手足的年紀吧！

18 演繹自己的人生

最近因為看特斯拉CEO伊隆．馬斯克的第一性原理思維為何？進而發現他七十三歲的母親梅伊．馬斯克的人生更加吸引人。

七十三歲對於許多人的腦中就是老太太的模樣——白髮，皺紋，身形佝僂，舉步維艱，甚至需要外傭或輪椅，也常被社會歧視為路上三寶：女人、老人、老女人（果真很不蘇糊呀），而梅伊給了一個太值得學習的典範模樣！白髮皺紋她不避諱它們的存在，並且成為美麗與智慧的新定義代表！而身形健美（可能是模特兒工作的紀律自我要求），重點是不斷冒險，勇於離開已知範疇學習新知，再忙的工作仍擠出時間，將碩士讀完，我非常敬佩並且好奇她每天醒來，是怎麼去開啟新的一天的？

《人生由我》是她的自傳小說。她享受生活也有自律，也為愛人減肥瘦成皮包骨仍不被愛，覺察發現唯有愛惜自己才是王道，他人愛自己與否並不會影響對自我價值的認同。絕不將人生主導權交給他人，因為，年輕的她受到太多挫折經驗了！她以健康早餐為自己開啟充滿能量的一天，而你呢？

我是用音樂為自己開啟美好的一天。

音樂也分很多種：古典、靈性、宗教或舞曲，四三二赫茲的是我的首選。舞曲特別適合懶懶冷涼的天氣，因為熱血一下子就奔騰了起來，再也躺不住地跳起來熱舞一番。（如果在家，可以用耳機處理，不打擾家人也很重要。）接著燒開水，泡杯手沖咖啡。

為何要燒開水？這也是一位養生達人給的示範：所有水都是新鮮的，要喝多少就煮多少。她不建議喝電熱水瓶的水，除非每天新鮮水煮開。在她的示範下，我也改變了飲水方式，不再方便喝著瓶子裡「死」掉的水！關於水，真的需要好好的認識它！身體七〇%的水，一定要多多探索呀！

曾在一個開悟者的頻道看見他如何處理水，他說在印度，他母親曾將水放置一夜並且擺上一朵花，真的好浪漫的畫面，他說：水中有許多微生物與雜質，經過一夜的靜置，都安靜了下來，水也不急躁了，人喝了也健康；於是我也開啟了將水放置一夜再煮的習慣，至於花，偶爾放一下（如果有買花時）。不再像以前直接將過濾水灌滿後，直接火爐煮開它！

而今半百人生，每天醒來也會想著今天一整天的價值，我可以創作什麼嗎？如果我用物理學「第一性原理」思考這個提問，是否會有不同的看見呢？第一性思考就是思考「本質」為何？如果將人生第三幕切成不同場次（中目標）不同的景（小目標），而第三幕就是大目標。當小小目標在早晨醒來時有設定與沒設定有無不同？或許，可以將其當個實驗！我試過沒有小目標的起床，根本不想起床，除非憋到不行的膀胱抗議，絕不離開枕頭！接著又是昏昏的睡著了，再醒來已接近十一點，要不要早餐？還是早午餐？自煮還是出去吃？想到這已經十一點半左右了！決定出門，起床梳洗著裝完妝已經十二點五十左右。這時間可以吃下午茶了吧，再下去就可以想像——繼續將時間用在選擇困難上。下午就來到了，吃完下午茶後，一天將快結束了，我自己是在整個過程中，並不享受也不快樂，反而充滿無力感！一天可以這麼活著，但一年這麼生活，可以嗎？

於是，開始了給每一天醒來的小小目標：快樂可以分享出去，創造喜悅及對生活的好奇！有時選三項，有時只有一項，有趣的事情是愈達成小小目標，每天愈來愈有活力。運動健身，拍攝一分鐘小短片，散步古道等等，都是一天增加1％的成就感，慢慢加乘出來的創意與活力。

我將人生大問題——我是誰？我為何來此生？我要做什麼才不浪費此生？諸如此類的問題，分成小小的問題，每十年、每年、每天要做些什麼才能了解自己而不再焦慮或恐懼虛度時光呢？

不為自己提問，時光一樣往「老」奔去！

而我選擇好好地為自己的生命提問，尋找一下答案。

每天怎麼醒來？然後呼吸，好好生活？在疫情之前，生活充滿工作。醒來就是為了出門表演，所有的狀態要保持健康美好，也是為了表演工作，當然，出於職業的要求肯定是要將自己照顧好，才能承擔大量長時間消耗心神腦力的工作！而疫情期間，才發現那些為工作而好好照顧自己的努力與紀律，已經深入細胞了！原來工作與我已經不分彼此了！而沒有工作的疫情日常，外在是不用出門工作，而內在卻多了對時間由我掌握的創作空間，我才有機會為自己每一天的生命，提出問題──我要怎麼善待今天的一切呢？微笑起床是一天很棒的開啟，然後，對生活微笑一整天，直到安心的上床入睡。

因為可以對自己微笑，就可以對他人微笑，對逆境不順微笑，對他人出價太低而我拒絕演出微笑、對購物寄到十年前地址微笑，對取走我購物的屋主微笑，對詐騙集團微笑，對計程車司機開錯路微笑，甚至對自己高鐵坐過站到南港微笑。雖然，仍然會急出一身汗來，但不再責怪自己、不再批評自己了！因此有能量可以做些鼓舞他人生命的事；微笑的嘴角弧度是可以接住好事的！微笑，是我的選擇，而且我有選擇。

接著就是「場」，一個月算一個小場，一年算一大場，要怎麼書寫呢？當每一景的日常已經完成度八十五％以上，都要感謝每天早晨十五％的全力以赴及目標完成。接著月或年（小場／大場）的中目標就似乎也沒有那麼遙不可及了！

例如每個月走兩條古道，每月運動健身六次，打桌球六次，或拍小影片二十分鐘，分享好書四本，錄新 Podcast 六集之類的，一年就要來個大清理及公益演講三場！這些是目前可以想到的。當然還有學習相關知識，對生活、知識、自己充滿好奇心！

人生第三幕縱有許多冒險、好奇心，但要擁有什麼才是首要的呢？

時間、體力、人脈、專業能力、金錢，哪一項你會排在第一位？正因為每一項都很重要，缺一不可，才會需要深思一下哪一項是重中之重？

如果選擇金錢（八十五％以上人會選擇這一項），我會提問，這是真的嗎？這是真的嗎？這是真的嗎？三次表示很重要！那為什麼有些有錢人不快樂！《一路玩到掛》這部電影就正好說明了「有錢」人也是有不能做到的事，例如：時間無法買到，健康亦然！一位有錢人知道「時間」有限，他整個重要順序都改變了！成為幫助他人完成夢想的「好人」，讓他人快點圓夢，而幫助他人也就是幫助自己，他將金錢像「愛」一樣的流動，成為人性高貴的展現！

這位富人的順序：時間、體力、人脈（醫院是他開的）、專業能力，最後才是金錢，並且善用它成為表達善意的工具！而那五項，基本上人人都有，只是順序不同而已！順序不同重要性不同，而且有錢人卻將時間改在第一位，為何呢？而現在的第三人生，時間更加是量少的被凸顯其珍貴性。似乎可以深思一番。

雖然，我們不是伊隆．馬斯克或他母親梅伊．馬斯克，或如電影中大富豪那般闊綽的人生，但我們卻可以開始善用每天的小小一景，為自己設下一個小小目標，讓自己喜歡自己，一天一點點的向前一小步。一個月或一年下來也累積了三十步或三百六十步了！為自己存下美好的場景吧！

這是我不用羨慕他人的方式！

「人生由我」！借用梅伊的自傳來鼓勵自己！

「人生由我」作主！

19 拿回自己的名字 I

人生如一條河，一直向前。

有一次，與兩位女性友人去參與一個營隊，一位三十歲，一位四十歲，而我過五十歲！一個女人是優雅的，兩個女人是閨密，而三個女人那就等於一群人。整個營隊過程可以說是熱情又歡快！看著彼此都在人生大河上起舞，也令自己回想三十歲、四十歲的自己在做些什麼？

三十真是個神奇的數字，女人三十拉警報是一種生理上卵子的呼喊——快點找伴提供精子，不然，老蛋就完蛋了！有伴就結婚、沒伴找個孩子的爸也行，我是對三十歲女性友人分享了自己三十歲時，所面臨的處境。而我在三十四歲結婚，三十九歲離開婚姻。四十歲的自己，人生第二幕尾與準備開啟第三幕前的年紀！我正在茫然的舞台上站著，是否該繼續自己第二幕不落幕不下台，過著狗尾續貂的生活。

我問四十歲的女性友人準備好一個人過生活了嗎？準備好自己的人生第三幕了嗎？想過如何重新設定人物性格嗎？我是四十歲之後慢慢邊活邊修正自己的人生劇本。沒有參考值，沒有可以學習的對象，不如就自己創造吧！

首先，「失婚中年婦女」這個標籤，曾經是心中的陰影，而看著一些報導中年失婚的女性，或抱著悲情的人設延續苦命女的生活節奏，或報復那個不讓自己人生圓滿的角色（先生），成為女強人的成功人士；苦命人設是責怪對方讓自己不幸福，沒有信守結婚的承諾，從前的困境都是男方害的，我要用自己的苦難或生病責怪對方，讓對方一輩子內疚，一輩子都虧欠自己。臉上的美麗不再，只有被夜夜垂淚劃傷的面容，青絲換白髮的形象，辛苦的臉讓人心疼！而另一款人物形象，就是霸氣外露像個戴了長髮的公獅子，雄性能量爆棚的臉，不再擁有可以撒嬌的聲線，不允許自己可以展現需要幫忙提重物的脆弱！而走此種人物設定都不是我喜愛的，而另一款，再找個男人扛起自己沉重的生命重量呢？好像也並不適合我渴望自由、熱愛玩耍的本性！從來就不是乖乖女、好寶寶的我，如何為自己四十歲的第三幕書寫文本呢？還是繼續交給「他者」？

看過一本柴門文關於三十六歲之後不要離婚，朋友在我婚姻困獸之鬥期，給我看的一套漫畫（朋友是心理博士），想用這個方式讓我打消離開婚姻的念頭！故事主要是女主角面臨夫妻兩人生活相處的困境，選擇離開後要面對的孤單及不確定，恢復單身生活的她要住哪裡？重新投入職場的困難（她當了許久的家庭主婦）？習慣為他人做飯，與人共食的日子已經不再，這些都是無法逃開的現實！

看完漫畫後，心中有了決定。

曾經在臉書上看到有人在問：四十歲單身的人生，該怎麼準備？

外在的住屋房子、專業工作能力、理財規劃、朋友圈建立這些都是必須而且較容易達成的項目，困難的事情是：內在平衡嗎？有遺憾嗎？會不會不甘心人生怎麼還沒有體驗青春就被時間的大河推到了四十歲？怎麼就「老」了？這種內心不平衡是最有戲的部分！內在衝突的矛盾感在舞台或戲劇中絕對可以是精彩角色，但是真實人生呢？是不是也有同樣的欣賞眼光與包容力呢？往往不是。現實中的我們容易陷入情緒陷阱中而無法出離，迷戀的遊戲不知不覺就悄然上身而不自覺，成為時間大河的受害者而不自知。

如何讓真實人生的四十歲可以活出不同於原生家庭給的第一幕，工作、結婚，人生大戲的第二幕，而是翻篇不同以往的第三幕呢？如果可以完全自己掌握的第三幕呢？

人物設定或許是好的開始吧！

《神隱少女》中千尋失去了名字，沒有名字，就忘了自己是誰？忘了為什麼來這裡？忘了要去哪裡？完全被湯屋企業主掌握生命主軸，活著像一條幽靈！似乎像沒有「主」的魂魄，飄飄渺渺的一生人！

《俗女養成記I》的結局，阿嬤月英與孫女的對話也呈現出了，台灣女性長期以來被傳統觀念束縛了一輩子，她失去了自己的名字，在臨終前自問：如果她擁有自己的名字「月英」是不是會有不一樣的人生？不再是誰誰的太太、某某某的媳婦，或是嘉玲的阿嬤？如果就人生劇本而言，「月英」一直活在第二幕的延長版，甚至到老了，退回了人生第一幕？活成小時候的月英，而這是無法前進或退轉回小時候的逃避呢？我不確定，但我確定的是——我要勇敢活出我的人生，我是擁有我名字的主導權！也是第三幕的詮釋權！

我不知道「嘉玲」們，在看到月英阿嬤沒有開展的第三幕人生，是否有感受到：自己絕不要活成阿嬤那樣之後，卻愈活愈「阿嬤」？或是「像自己的老媽」？

記得有一次與「聲音魔法師——魏世芬」老師一同坐捷運，本來有一搭沒一搭聊著今天的工作，突然，她說：我感受不到妳臉上的愁苦！一點都不像離過婚的人！她這麼一說，我反而認真的思索起為何沒有「愁苦」在臉上？是我刻意迴避它？還是轉化成滋養生命的養分了？對呀！為何沒有呢？

在人生長河裡，只有向前奔流，不會回頭！遇到石頭阻礙，會激起千層浪、大水花，澎拜又激情的好看畫面。如果平淡如涓涓溪流，形成魚蝦草蟹共生好環境，也是人生一樂的美事。而有時對於河流的現狀，旁觀如我們總可以平靜的欣賞之；但面對人生大河小溪呢？是否可以欣賞它？如何擁有這種將外境內化成思維的轉換能力呢？

當我拿回自己的名字後，我決定不再丟失它，要好好愛護它的同時，感謝那段曾經失去它的日子：如果沒有失去，又如何憶起？我就是在四十歲之後開始了人生第三幕的準備。日子繼續前進，我也持續改變自己的人物設定！例如：以前躲在家庭，名人前夫之後，改變成我是值得被看見，值得展現才華的。朋友喜愛與我說話或靠近我，是因為我擁有可愛的人格特質與熱情分享生活的雞婆性格！不是因為我是誰誰誰的誰！先接受自己是走過婚姻的女子，不評斷自己的那段婚姻時光，甚至不四處說婚內的種種狀況，因為，自己明白那種狀況都是彼此養成，互相創造的場景，也是共同想體驗的人生，絕非是誰害了誰，如果要談責任，一人一半是必須擔起來的！接受後，非常微妙地發現，我更加喜歡有能力承擔責任、犯的錯（如果用對錯來歸類），願意承認自己不完美，是我人生長河中非常大的跨越，就像看見大冰山擋在眼前，不再迴避它，直到穿越它，即使不容易也不放棄！

想與四十歲的好友們說：不用害怕反而要開心，因為人生第三幕的到來，是至樂的禮物呀！

我將重新人設第三幕的角色為：喜劇咖。

為何是喜劇？因為喜劇是服務他人的劇種，可以讓人歡笑是多麼棒的事情，笑的震動頻率可以抖落人生的悲苦哀愁，可以清理舊有的陳年老垢、老成、老思維！喜劇是了解人生本是苦的接納與提升的良藥，幽了自己一默，讓世界都有機會拈花一笑！我願意用喜劇咖來走完人生的第三幕！而這個人物設定也會吸引相對的挑戰呀！例如有人在河流中丟石頭，我可以笑得出來嗎？倒汙染物嗎？或是不讓水繼續流動，組個堤壩？喜劇咖是人不是神，不要隨便惹怒了解人生悲劇的人物——小丑！那個後果可能很難收拾！

好在我只是人設：喜劇咖，而不是小丑。（太極端的人物設定啦。）

好在只是人，不是神。

好在第三幕主控權在自己手上。

但，不要惹怒我！因為我不要演悲情角色！

20 拿回自己的名字 II

最近挑戰「漫才」，它是啥？相聲？

「喜劇咖的人設」是現在人生的角色內在設定！而正好有機會看到某喜劇俱樂部在推出 open 麥夜晚，於是與夥伴就買票去看戲了！一群人坐在台下，在疫情尚未完全解封的日子裡，小劇場的小娛樂以梅花座方式擺著座位，而每一位渴望被藝文滋養的觀眾，肩並肩、腿貼腿的近距離（中間有隔一張小椅子），引頸期盼台上演員說笑話給大家聽！

「漫才」是日本的站立喜劇，二人對話，其中一人是幽默的，而另一人就以吐槽方式打破那個自以為幽默的人，看似像相聲，而實則本質上不是。「漫才」是有人物設定的！一位嚴肅，一位腦洞清奇！而因為自己的人生新角色的設定緣故，所以找到好友一起練習——寫本、觀摩、討論，一連串的密集工作中，終於找到屬於我們兩人的組合。好友男性四十歲了，有妻有兩子，而我大齡、單身、獨居、無子。一大一小，一男一女，一高一不高（這個說話較溫和），彼此找到大齡的莫名優越感與被社會歧視的微微酸楚痛！而他則是蠟燭兩頭燒——工作、家庭、孩子！

台上的漫才演出，有的好笑，但大多不太好笑！

可以不好笑嗎？可以的！這個喜劇俱樂部就是在open麥時允許上台練習不好笑，但它依然收門票！以資鼓勵創作者勇敢向前，每一份創作都是心血投入，都需要被支持、被呵護那小小創作火苗。當然，那天是以見習求教的心情去現場學習的，雖然，自己擁有表演經驗數十年，但喜劇肯定是難度指數

一、二名的，尤其是謔而不虐，幽默而不低俗，更是將人生閱歷轉化成可以展現的脆弱無奈，提升成笑中帶淚的自嘲人生。真是大挑戰呀！

有一次討論到人生半百的失落及願望時，我說：人生像一條大河，一直向前，即使不想面對「老」這個事實，將臉背對順流方向，大河依然向前不停歇！他深表有感地說了一個村上春樹短篇中提及他聽過的一個小故事：一位朋友設定自己活到七十歲，人生一半是三十五歲，而在人生半截（百）時，有些事情想要完成就必須在三十五歲之前做到，然後才繼續三十五歲以後，要想完成又是哪一些？我聽到時心中一懍：三十五歲？三十五歲自己在做什麼？從來沒有特別思考人生要活到幾歲是截點，如果也是七十歲的終點，那自己還有多少日子可以善用？這個想法一出現，不知看書的你會如何思考與感受，而我是興奮感！因為有限制，才能有效率呀！不到二十年的好時光，怎麼書寫這二十年的大戲？

電影《靈魂急轉彎》中，有一條光河上，站滿了要進入光中的靈魂，唯有男主角的小靈魂東張西望地轉身向後逃，想離開這條光河輸送帶，而輸送帶一直向前，一直向前！男主角的小靈魂不斷向後奔逃，最後跳進一片漆黑的空無中，而空無的空間又是另一個轉運站——靈魂投胎前的「藍圖規劃」學校，此時，要等待再次入世體驗人生的靈魂門，帶著新的體驗作業投胎人世，好好玩的地球，在地球上好好玩一場人生大戲！

但，往往忘記了！忘記了人生大戲是用來體驗的——愛過、恨透、情濃、復仇、歡笑、淚水、生兒育女、追逐理想、現實掙扎、失落遺憾、親痛仇快等等劇情，比戲劇演出更加戲劇性的社會事件。各類新聞中哪一種會吸引人的目光停駐？又是哪一項新聞會讓我們感動落淚？又有哪一款八卦新聞讓我們茶餘飯後的消磨時光？在他人身上的故事都是戲？而在自己身上的戲碼都是痛徹心腑的不堪故事？我不想也不願意被動地忘記為什麼來這兒（地球）！

早一點知道三十五歲是截點的人生會不會不同？

或許，普通如我適合在人生第三幕跳出來成為為自己書寫的腳本的人設吧！沒有特別早慧（雖然國小四年級開始寫六隻螞蟻的勵志小故事），父母疼愛的童年生活，不曾拿錢回家養家的職業生涯，體驗過遺憾婚姻的種種平淡又日常的人生！也曾不珍惜三十五歲之前的青春歲月，隨著群體價值觀活著，很沒勁兒的活著；而這份沒活力是覺察的指標，表示有某些不適合自己生命藍圖的卸了自己的力量！

年輕時沒有把握到青春爆炸的創作力！創業、成名都要趁早已經不適合自己了！但，就因此改變最高峰的另一個二十年嗎？

記得玩過一個類似大富翁的遊戲——財富流沙盤！在遊戲中年齡是二十歲—六十歲，這似乎也很符合現實人生呀！黃金四十年的時光要提早做準備，不然暮年來臨時，那才是真正的應驗了一句「人生沒有後悔藥」呀！有一次玩盤的過程中，五十歲進入逆流，也就是向內覺察及自我反思的慢時光，一切都無法努力只能耐心陪伴自己（多麼像我在疫情中所學習到的呀！），而有趣的事情是逆流中必有恩典，只要骰子點數骰到走到恩典的數字，就可以離開逆流，回到正常生活的平淡裡生活，而且會給禮物！或許玩盤的我，真實生活中的我，完全接受遊戲中的自己在逆境中吧！內在沒抱怨及著急怎麼這個年紀了，還進入困頓的逆流中，一切都來不及努力了！任生命改變放水流吧！遊戲反映人生，就如同戲劇反映人生一般！我沒有放棄沙盤遊戲的那五年時光，我也不會放棄改變人生第三幕人生可以創作與主動的人生！沙盤的骰子真的讓我得到恩典並且得到禮物，而且在六十歲鐘聲響起時，我得以進入另一個豐盛的世界！從遊戲中我對自己的覺察又深一層了，我看見自己不放棄、不抱怨，耐心地慢慢走著，抱持希望的繼續到遊戲結束！而真實人生的我，也會向遊戲過程中的自己學習吧！

戲如人生，這戲可能是戲劇也可能是遊戲！

每一齣戲都有一個角色的名字，而遊戲中，我也為自己不同職業取了一個新名字！例如演《火神的眼淚》我是葉子伶的媽媽，《俗女養成記》是江顯榮的媽媽，而《王子變青蛙》是葉天瑜的母親，請問，這些母親、媽媽可以有名字嗎？而這些女性長輩被記得的都是男主角、女主角的媽媽，而非她自己角色的名字呀！媽媽也是有自己的生命故事，她不是生來就是媽媽，就沒有名字！而戲劇也反映真實人生；真實生活中，長輩們似乎也失去了屬於他們自己獨有的名字，而要變成「老人」、「大嬸」、「阿姨」、「大叔」之類的集體代名詞，而這一群人一大群後壯年期的社會基石，被世代交替、青春當家的潮流，推擠成一團面目模糊的半邊緣人，以戲劇而言，鮮少為這個族群寫故事，為這個族群的處境發聲，即使有，也多以悲情愁苦不得志為劇本寫作方向；但，是真的嗎？看看許多社團，那些被歸類在大叔大嬸、阿伯阿嬤的人兒們，生活過得可不比年輕人精彩呀！如果不精彩豐富，那肯定是田調做得有侷限，或是，他只寫他想要寫的——老人都不堪，或是曾經是掠奪資源者，老了遭到業力引爆而受苦受難？而我看到的事實則是，登山旅行、運動健身、跳舞唱歌、寫作演戲，想要在人生

第三幕玩開懷，盡情展現前兩幕，為家庭、為家人、為工作、為孩子操碎了心！終於，可以為自己的人生玩一把！多麼勵志呀！被邊緣化沒關係；邊緣人多了，自然形成新中心而且，是有名字的中心。

但，或許，勵志的戲碼並不是那麼有趣及吸引人！戲劇才會用微痛苦的故事煲成一鍋人參苦味雞湯（帶苦回甘的湯）吧！

不喜被這種戲碼影響，我仍堅定要當喜劇咖！不願被歸成一團失去名字的集合名詞，堅持要讓自己面目清楚。

縱使光河輸送帶不曾為誰停留，在尚未煙消雲散前，好好演著屬於自己的好戲！

21 「愛」更新

我的身體，不是我的身體？

人體細胞更新也是有週期表：腸道細胞二到三天為更新週期，屬最快，胃細胞平均七天，而大腦嗅覺及記憶區域是十天，白血球十三至二十天、肺表面細胞平均十四至二十一天，皮膚則是二十八天更新一次，其他的如肝臟、紅血球、骨骼、頭髮、指甲、睫毛等等許多器官或身體的部分，都在一段時間會更新成新的，所以，用過的幾十年的身體，基本上已經早就不是出生時的身體或細胞了，但為什麼，人的性格或行為不是如此呢？反而，愈活愈像家庭裡的長輩？

是什麼主宰了我們的人生？

如果細胞不是我，那表示身體也不能代表我囉！現在問這個「我是誰？」會不會太大哉問了些？可是在上表演課時，第一堂就是在劇本與角色中，尋找角色是誰。而這份尋找也開啟了屬於自己人生舞台上的角色——自問：「我是誰？」

每演一個角色，就如同在角色中活過一生。

記得一九九〇左右在民心劇場演出，一年七個戲的社區劇場，是我人生非常重要的基礎深根工作。一年七個戲是什麼概念？就是扣除過年平均一個半月排練演出，密集度之高，是我表演人生之冠！《房間裡的衣櫃》是蔡明亮導演寫的獨幕劇劇本，一個人在台一百分鐘。故事大概是一位編劇面臨創作瓶頸，竟然與衣櫃（達新牌塑膠衣櫃學生專用款）展開一場夢幻的對話！將一位孤獨的創作者的處境表達出來！而年輕的我（二十七歲），怎麼可能了解編劇的行業，更別談瓶頸了！導演是王小棣導演。只記得他非常有耐心地帶領我進入孤獨的狀態，而那時我的內在是極其孤單與寂寞地活著：茫然的前途、陷落於毫無發展的愛情泥沼中。這份不順遂狀態似乎剛好貼合了《房間裡的衣櫃》編劇的瓶頸，年輕如我當時並不是那麼理解人生如戲的真諦，戲也正剛剛好的反映了自己當時的人生。

戲已落幕了近一個月後的某一天，坐在劇場外的小小咖啡吧檯喝著果汁，吧檯小老闆突然說：妳還在演編劇角色喔！且當下心中一懍，原來我想來還沒出戲呀！戲已經結束近一個月啦！角色經常是在扮演過程中，一點一點地浸入細胞，佔領思維，改變扮演者的性格而不自知，前幾年的《霹靂火》中的「一支番仔火」是最好的例了，從戲中角色延伸到了真實生活中，是入戲太深？還是眷戀角色給的好處光環不捨出戲？角色無大小好壞，對演員而言是扮演的戲假情真的過程結晶，但不願出戲的狀態，細胞也可能產生錯亂而造成正常生活困擾吧！

還有一位演員朋友的例子，入戲太深而真正造成身體生病住院的實際例子，扮演癌症患者真的罹癌入院治療！大腦真的太厲害了，真的可以驅動細胞相信自己處在某種狀態並且成功。演員真是高危險的工作呀！

每一個扮演的角色都有可能成為自己的一部分嗎？

我相信角色會與我相遇，肯定是有我本身有的某些尚未發現的面向，或許隱藏在幽暗的角落，只等待被角色邀請出來展現吧！二〇一六年的《再見女兒》，我演一位北京媽媽，因為女兒在台灣求學意外身亡，千里為女尋兇的過程，當時我看到一則社會新聞：有一名國中女生跳樓身亡，主因是她在學校被同學霸凌，同學嘲笑她的母親是「大陸新娘」。母親得知後痛哭失聲。卻有人說：需要那麼誇張嗎？這個新聞讓我反思：哪有母親死了，小孩不心痛的？哪裡的母親都會哀號如動物喪子般吧！帶著這份渴望公平的心願進入角色，這是我人生中第三座金鐘獎！

公平正義對應到我內在對世界的願景！角色與演員共鳴了！

人生呢？每一個人在不同階段的角色都有著不同的樣貌呀！當小孩時的那種自在、無畏的任性，在某個階段就退場了（或被馴化了）？似乎身體裡進駐了另一個人似的，例如：賢妻、父慈、良母、孝媳、好員工、好棒棒的××之類的；與青春期的叛逆角色差異大到判若兩人！

這就是角色改變了人物設定呀！

人生的大舞台上，每一位都是來來去去的角色（莎士比亞言）！

場景不同，關係改變，角色也同樣有了新的性格設定。重點是在午夜夢迴時，突然想起那個讓自己最無壓力放浪任性的角色，快樂只能用回味來品嘗時，矛盾出現了！人生的衝突與抱怨的石頭就疊加成山，擋住去路。上錯角色跑錯場的戲碼就出現在婆媳大戰、職場爭鬥或夫妻、親子暴衝場面。惡婆婆本該放在職場當一位能力極強的女主管，或是家暴夫可以去拳擊場當位出色的比賽選手。開快車肇事者，明明就是F1方程式賽道選手，卻開錯了人生道路；諸如此類的跑錯場景的人生故事，新聞中社會事件都可以看到。

如何可以不上錯角色跑錯場？如果錯過了上場的機會怎麼辦？人生可以跑錯場，但不可以不出席！

人生前兩幕跑錯場，演得不理想，真的沒關係，那是累積人生體驗，在第三幕編導演的主控權，其實可以拿回來，自己書寫主導及扮演。

而重點是：自己發現了嗎？想要改變嗎？發覺想要不一樣的人生，不要再重複以往角色的命運，這才是走向重啟人生可能的第三幕呀！

人生不可能「錯過」！因為停在那兒不上場，也是選擇「停」在那裡！只是不自知而已！

有一位朋友，最近透露出現在沒有任何動力，也沒有目標，放任自己漂浮著！我則提醒自己：原來這也是選擇！所以，以為選擇不上場，其實是在場上停著不動而已呀！但也沒有關係！因為總在人來人往的時間流沙中，默默地也會被看不見的量子力場給湧動了！人生或許到中年或第三幕那個選擇很奇妙，以前被困在他人（社會價值、父母期望等等）期望的角色中，或許摸、爬、滾、跳的走過人生前幾幕，到了第三幕時，完全不想選擇，不想再有目標、不想再扮演，只想做自己。被影響過後的細胞，一直支持著自己所做的每一個選擇，即使最危險的病危體驗。

身體不是自己的，是角色的，是人生不同階段的那個「人」的！

每一次扮演的角色都會在細胞中烙下印痕，必須在戲殺青後給自己一種儀式，送走角色！例如將劇本整理放進置物箱中收藏好！直到戲上演才會再處理它——資源回收（影像）或是留到下次加演（舞台劇），而這種儀式就如同傳統戲曲演出的封箱，必須將「神」送回祂原來的位置（好神祕吧）！然後，開始「王琄」自己的人生——買菜、運動、看書、做飯、逛市場之類的如常生活！戲外人生與自己的如常人生，對我而言，如同平行宇宙，如果一條河，大部分是如常人生在河流中流動著！而戲劇角色出現時，我的如常人生就潛入河下，支持著角色人生——或激流湧動、或跌宕起伏、或暗夜沉浮，也或許波光粼粼、水花四濺！但，潛在的暖流一直都在，一直支持著水上的角色人生！

如果，自己的人生，也有著一直支持著自己的暖流，會是什麼呢？

「相信」？但「相信」什麼？是「愛」嗎？「愛」這個字被用過度了！

「愛」這個字對我而言是動詞，是集合動詞。

細胞因為「愛」，願意相信所有角色想要體驗的人生，也為了避開角色不出戲，而造成過深的烙痕！所以三天、五天、二十八天的更新自己。而每一次更新，就給了人生角色重新人物性格設定的可能！而我們卻不自知，愛上堅持某個形象卻無法不自拔？細胞不眷戀任何角色，它喜歡改變，有規律地更新自己！而我們呢？是否也可以如細胞那般更新自己的人生角色呢？

人生長河其實不長，奔流速度不曾減緩！長度不能如願增加，那麼增加厚度或是變化水流的激情，卻是我們可以努力的呀！

我的身體不只是我的身體，它可以是不同人生階段的角色載體，也可以是更新人物樣貌的舞台！願意發現、願意轉換、願意重新，一切都可以發生的！因為「更新」，因為「愛」！

22 重度「儀式感」患者

關於儀式感，每個都不一樣，而我在疫情期間重新覺察它，哪一項最適合自己！

老派如我，年紀愈長對儀式感的迷戀也日益嚴重！再恢復演出的劇場開始了各個大城巡迴演出的日子。只要出門不論是住一晚，還是一星期，行李幾乎是一樣多的：不是為了美而帶一堆保養品，而是因為戀家將旅館弄成家的味道。點香是出門的必備、精油蠟燭也可以讓我身處異地，放鬆身心。來房間坐坐的演員朋友，只要我一開房門，聽見的第一句讚美就是：妳房間好香喔！是精油香氛蠟燭？或是檀香之類的！妳的房間好舒服喔！啊！妳還自己帶毯子？真不怕麻煩嗎？咖啡也自己帶，毛巾、盥洗用具只全用自己的，天哪！妳是把家搬來了嗎！

是！我將能讓自己放鬆的生活儀式感小物都帶出門了；一卡皮箱是一個小家！好在現在 YouTube 很方便，音樂隨時可以在手機中播放，以前是會帶上ＣＤ與播放器（是有多麼難睡著？）。

如果演出的戲是需要特別飲食的要求，例如二〇一六年綠光劇團的《當你轉身之後》，身形要特別清瘦，我會帶蔬菜湯包當成正餐來食用，又要保持清瘦又要擁有體力。

有時自己像在思索，這種需要「安置家的儀式感」是不是讓自己不自由？每一項都要檢查再三才能安心出門，真給自己出難題呀！是否可以放過自己一馬？輕鬆以待之？而每每出門住旅店，百分之八十是工作，所以，放鬆與足夠的休息，成為演員的天性！要睡飽吃對才能精神百倍上舞台演出！

睡飽可以理解，但吃「對」是什麼意思？演員要吃對食物才不會臉腫、變胖，化妝不好化，衣服會變緊。更不能輕易嘗試之前沒吃過的食物，可能會過敏或是拉肚子、長痘痘之類！出門在外，朋友特別想要照顧的感情，真是難推卻，一吃會胖，不吃會友誼蕩然難存，只能看著他們大快朵頤，而自己則是禮貌性的意思意思！這樣可以保有友情又可以照顧身形，也是平衡的兩好方案吧！

那百分之二十的自己的旅行呢？是否可以放自己一馬的輕鬆放肆一日？還是已經被這種紀律給制約了？「適合自己的習慣就是好習慣，是超越制約的，因為那是自己的選擇，我享受著自己的選擇」，我如是對自己說著，因為日子是自己的，我想怎過著快活，就怎麼過，與他人無關呀！你也是！

一樣是大包小包的小旅行，我成了自己的移動城堡！

一個人的旅行是說走就走的能力，我就有一卡旅行箱！放著可以隨時出發的行囊，只是冬夏有些替換的衣服與要補齊的儀式感小物，例如香、精油蠟燭、咖啡包與包裹自己的暖暖被！

獨立的能力與共生（共同生活）是否相矛盾？排斥？還是可以相互依存？

最近聽到我一位朋友她大兒子在疫情期間突然離世，她再也笑不起來了！

工作中聊著聊著，她就說出心中那個「痛」與「心碎」，她頭髮白了許多，臉上總是出神的表情，我沒有辦法安慰她，因為太痛。中年的我們開始面臨「分離」的考題。父母的、家人的、朋友圈的，而比自己小的孩子，肯定無法想像更不能接受！

我的母親，在我尚未出生之前，三十八歲時面臨著失去讀小學二年級獨子的悲痛，她是怎麼走過的？三十八歲的她，在當時醫療技術不發達，助孕方式尚未開展的年代，一切都靠老天爺再給不給一個孩子機會。母親也曾拉著姐姐們走在河邊，想過一了百了，大姐回憶起這段往事，說她當時只知道母親心情不好，帶她們到河邊散步，後來長大才知道母親的企圖。看著手牽著手年幼的姐姐們，母親轉念了！回家煮晚餐等待父親回家！

我將這個故事分享給朋友，她幽幽地說：對呀！這種事情一直都在發生，好像很多家庭都在經歷！

分離的主題是每個人都會面臨的，愈愛愈難分離！獨立的人，真的不害怕分離嗎？可能是更深地困難說再見吧！我就是這種！演出最為明顯：全力以赴的每一個表演的瞬間，已經完成了心願，而最後一場戲或要殺青前，我的心已經開始一一道別了，等到完成那一剎那，心無波瀾且淡定地說再見！不是無情，而是已經深情，完整了那個過程，才能淡然地道別戲，收藏起角色吧！而旅行小城堡也是在一種帶著「家」移動在不同城市，入住飯店，進入場館，我都是將其當成有機體一般的對待，進門打招呼、按門鈴，說我回來了。似乎空間也會用一種平安與安心的溫度回應我！然後點上蠟燭，放一些音樂給彼此建立輕鬆的相處時光，而進劇場時，則是會燒一些鼠尾草或聖木讓不見天光的空間中，用些香味除去霉味。每位經過休息室的朋友，都會被吸引進房間，並說聲：好香。這是我單獨又共存的方式，是非語言的，是香氣流動的，平靜且安心的存在在大家的感覺中，我喜歡如此不張揚的與所有空間、時間、朋友們共同生活著！

朋友的悲傷，佔滿了他們共同生活的空間，時間再長，只是淡了，卻不會忘記！

曾經演出過一齣二〇〇六年東尼獎提名的劇本《兔子洞》，是舞台劇後來拍成電影，妮可．基嫚主演，而綠光劇團世界劇場二〇〇八年《出口》（Rabbit Hole），故事裡也是「兒子」意外死亡，家庭關係衝突改變，女主角與女主角的母親都有失去兒子的經歷，女主角覺得自己的兄弟吸毒死亡是他自找的，而她自己的兒子是被車撞是無辜的，母女倆爭辯誰比較痛苦。後來，母親說：失去兒子這件事，身為母親的是一樣的痛，不會消失，就像口袋裡的一塊石頭！它一直都在那兒，偶爾伸手就會摸到「它」的存在！

朋友後來聊到，她與先生聊到把房子賣了，換個地方住，或許對活著的人是健康的。是的！這樣的搬離原有生活記憶的空間，是一種與「深陷情緒」告別的儀式，換一個生活空間，只選擇放進與孩子相處的美好時光。

生活中充滿了大大小小、各式各樣的分離與告別。進住一個空間，無論是旅店、場館、拍攝現場，爬山散步上節目，都是來來去去的人，能量活動都是 Say Hi 與 Say Goodbye 的過程！如何讓自己可以享受相遇時的歡快與分離時的清爽？用心是否就會黏ＴＴ？冷淡就較容易不沾情緒不眷戀？

人生第三幕的我，清楚的看見自己一直尋找平衡的過程。我就先從每一次的與移動城堡的旅行開始吧！好好的與空間，用有儀式感的方式開啟相處的時光，擺放的盥洗用具、暖暖包的小被子、薰香蠟燭、調好香氛氣味、燈光柔和、音樂舒緩的陪伴著！讓提早出發的旅人——我，還是有在「家」的安心！

而離別時，也會將房間（空間）恢復到入住前百分之八十五的空間狀態：垃圾、水杯與被褥，收拾乾淨才罷手，我雖不是房務人員，但心中感謝著這幾天的舒適及安眠夜晚。浴室內的雜物、水漬也會簡單地推理與擦拭一番，心情就像是到朋友家裡，尊重這個空間的主人，也是情理之中的吧！

迷戀「儀式感」的我，一點都不覺得麻煩！每當有人說：唉呦，好麻煩喔！我只是淡淡說一句：哦！是喔！就不再廢言！因為，日子是我過的，開心是我的，創造儀式感的生活也是我的選擇，更愛每一個善待自己的 Say Hi 與 Say Goodbye！

23 不當命運受害者

父親在老年時有著憂鬱氣質，或許年輕時是迷人的，而老年憂鬱可能就是令人擔心的老年憂鬱症。

父親在年邁的最後五年是逐漸失去部分的記憶，甚至有些記憶錯置；叫錯名字也是常有的事。他愈來愈寡言，也不願與人交談，經常躲在房間裡想著他的娘。那時他已經八十多歲了，卻像個孩子似的。隨著他年紀愈增加，反而愈走回小孩的狀態，老人、小孩同時並存在他的體內！

在父親開始有些暴力行為，從不打人的他會動手打阻止他匯錢給陌生人的人時，大姐立刻覺察到父親可能是「失智」症造成的行為改變。

曾經看過一本書說過：「失智症」是一種慢慢讓自己離開的方式，失去記憶，讓人不再被痛苦或深刻的情感影響，每天都是全新的一天，或是說下一個瞬間就是全新的世界。也許這個世界是一種有去無回的單程車票，如同死亡一樣，只是「失智症」是平快車，速度較慢而已吧！

速度不同的世界，是否會影響「愛」的速度？因為父親的世界速度緩慢了下來，原本工作忙碌的我，也跟著慢了些！

每次回家陪父親吃飯、看電視時，看著曾經是家中頂梁柱的他，像小孩子一般的眼神，心疼地抱抱他；而這個擁抱在他尚未失智前是困難的，因為，擁抱是很西方表達「愛」的方式，對於一個傳統男人是有些尷尬的。但，父親的失智，終於讓孩子們可以隨時擁抱他，與他說說笑話，失智也有一得呀！

我如此安慰著自己。

母親過世後，父親像是少了一半的靈魂，七十多歲的父親依然帥氣挺拔，許多鄰居想幫父親介紹女朋友，父親則斷然拒絕了，我也曾與父親討論過：有一位生活的伴，我們是為父親開心與祝福的。可是，他老人家選擇繼續單身，並保障母親為他存下的「養老金」，不會被外人分走。老派男人的堅持，有時也是讓身為他孩子的我們，省心不少，不用面對「老阿姨」帶著她的孩子們，上門討債（遺產分配）之類的！

父母親生在動亂的大時代，母親照顧家庭像經營一家小型公司，而我們都是她的員工，每個小孩在家擔任不同的職位，並且有著不同效能！當時，家中最精彩的時期，是大學（大姐）到幼稚園（老弟）都有人在讀書。父親一個人賺錢，母親則帶著孩子做點家庭副業，增加收入。那時鄉下並沒有理財的概念，而母親則將「儲蓄」當成唯一的理財，當時是全民瘋儲蓄的年代，因為三年定存利息約莫9％～12％左右，母親也會與鄰居們探聽台北最新的存款（理財）的觀念，老太太她為父親的晚年（人生第三幕）準備了幾百萬的養老金，是過得較為舒服輕鬆的。

回想母親的老年生活，也是多姿多采的！

母親似乎很早就明白，人生的日子是自己要過的，每日期待孩子們回家陪伴自己，是一個不切實際的想法。那個年代電訊方式沒有現在這麼發達，電話都是以室內為主，「手機」年代尚未出現，想念孩子，打電話或寫信（父親就是寫信的方式），如果接到電話卻無法回家，彼此都會有壓力，或許多以吵架作結尾，不歡而散。即放下電話的母女或父女，都是不開心的。直到下一次再接上線，說到話，周而復始，因此，害怕打或接電話。這種狀況很少是我母親的選擇，母親會參與鄰居媽媽們的進香團，三天兩夜的小旅行，並且會提早告知孩子們，以免回家撲了個空！母親曾說：我又不是一尊菩薩，每天等著你們回來拜！

雖然，母親是天主教徒，但並不影響她對任何宗教神明的敬意。

第三幕的母親，完全改變了她的人物設定：一改她原來的堅韌、持家、愛孩子、賢妻良母做到滿，敬夫友鄰不能少，但，六十多歲開始做自己，旅遊、打牌、不做飯，在當時是一種不大符合「好」媽媽、「好太太」的價值。母親開始了屬於她的人生冒險！父親並未參與母親的冒險遊戲，父親寧可留在原來的傳統角色中，在家等待母親玩耍回家！退休的男人可能覺得不用再出門狩獵了，可以放鬆，什麼都不用做而不用有罪惡感，真是太好了！

母親的新角色，點燃了她人生的新火花，她不遵守別人給的價值觀，也不願固守同一個角色到人生終點。這個對我是多麼棒的提醒！

父親的老年憂鬱或許是他厭倦了人生一成不變的大時代受害者角色吧！

大江大海的時代浪潮，將父親放到了大時代受害者群中，母親也是其中一員，但，她選擇在人生最後階段，不再當一位命運的受害者，轉換了思維，落地生根好好生活。願意落地，是因為明白「家」的建立必須是在地的，是將來可以開枝散葉的，如此才能扎根土地，長成大樹，庇蔭後代子孫，好好地與日子共存，未來的生活才能透著希望。而每天早晨三炷清香，是一種傳承與莫忘來處的儀式，也是在心魂上與祖輩的連結。

想著父母的老年生活，是兩種不同的選擇戲碼，不同角色轉換，哪一種是我可以學習的範例呢？

父母是孩子最早的老師，他們用自己的生命展示了未來人生的可能性，或許喜歡，也或許不喜歡，但是，不是一家人不進一家門，有時，劇本也會非常雷同相似呀！這個也是人生大戲難逃離的家庭宿命的劇本？或者重塑角色命運的可能？

我是選擇直視父母親的暮年。

記得父親曾在餐桌上談論其百年後要如何處理後事，我依然沒有準備好要面對父親終將與我分離的事實。因為恐懼不願聽，因為不願這個將來成為現實，但，耳朵依然在父親一次又一次的述談中，被聽了進去。而且，在處理後事時，記憶一一浮現，不曾遠離。

我自問：哪一個版本的第三幕，我可以參考？如果都不是自己的理想版本，我可以自行設定嗎？那麼不能只停留在想法上，必須以行動來落實，就如排練一般，一邊練習，一邊修正，一邊創作新角色，一邊冒險玩耍。

屬於擁有三分鐘熱度的好奇心及執行力的我，因為對自己的了解，我就把握住這可貴的三分鐘，例如：朋友ＰＯ要去爬嘉明湖，我就先主動報名要參加，請他記得揪我，朋友要帶公益活動，我手刀報名，後來才知道只有一個名額！或許是曾經上過一梯成長課程——搶麥克風回答問題，每搶到一次麥克風，就等同賺到一萬元，速度加上身高的優勢，那天晚上我賺了五萬。這正向經驗鼓勵了我，內在的配得感又加值成功。

「自信」從哪來？有人曾在演講現場提問過。其實，我的方法非常老派：今日事，今日畢。明日事，明日愁！寫下每天的工作項目並為昨日完成項目打勾按讚。自己先當自己的啦啦隊長，信守自己對自己的承諾，自然自信就像積沙成塔式的建立了起來。雖然很老派，但很有用。

面對即將到來的真正老年的前壯年期，我有意識的發覺自己是否落入某種哀傷的情調之中，是否化身成為高塔中的老公主，「渴望」被路過的誰誰誰拯救？

明白世界上沒有誰可以拯救誰，或是根本沒有誰「需要」被誰拯救，因為都是戲，都是美好的體驗，無論是痛或苦、是淚或歡笑！我學習著與故事保持欣賞的距離，因為有距離才能有美感，才能入戲後，擁有出戲的能力！

凡走過必留下痕跡，認真過就不後悔！原生家庭不是我可以選擇的，但人生是自己的，沒有理由牽拖他人呀！如何詮釋角色則是自己可以的創作！我是如此認為的！

24 說夢01 五〇已過，六〇不遠！

一個人坐在漆黑的夜裡，打開桌上的燈，空間瞬間被點亮了！

我玩著開關，一亮一暗、一亮一暗地在書房。想著，母親在父親六十歲時為他做壽，請了好多桌的鄰居友人同歡夜飲，二十歲的我，當時只在為重新投入大學聯考而憂心，煩惱著自己的未來是否有前途？根本不曾想過，當時母親的舉措為何？開關依然被手按得忽明忽暗。

鄰居毛叔叔操著浙江口音，來到主桌敬酒：祝王醫官「福如東海，壽比南山」，父親一直是不勝酒力的，滿臉通紅的，一飲而盡紹興。這份酒膽，我也遺傳了父親吧！縱使已茫然，但氣勢依然必須壓陣全場。母親扶著父親輕聲喚著：詩雲欸，少喝一點！等會我不扶你回家。母親只比父親小幾個月，而他們的姻緣也是天註定的。父親是獨子，他的母親（我奶奶）生了妹妹（我姑姑）之後，就過世了！他的父親（我爺爺）為了他們兄妹倆娶了一位後媽，本來爺爺打算為王家再添丁旺孫，怎知這位繼母並未成為壞後母，卻被爺爺說成不會下蛋的母雞！而且脾氣極大的爺爺，也未曾對父親的童年多所照顧，從小失怙的父親，少了親娘的疼愛加上高壓的嚴父，使得父親在他失智老年的生涯，經常躲在床上嚶嚶哭泣，喊著他的親娘。母親是懂父親的，家大業大的爺爺是一位大茶商，經營著幾個山頭的茶葉外銷生意。爺爺為了替自己的獨生子找媳婦，肯定是必須能改變王家數代單傳的宿命及壓得住父親孤剋的命！

為父親相親的媒人不知拿了多少家姑娘的八字，給爺爺放在祖先牌位的香爐下壓著，看看王氏大宅是否上下平安，雞犬無事。怎麼，每放一位姑娘的生辰，不是雞死了，就是狗咬人，這些姑娘都沒有成為我的親媽，直到母親的生辰八字出現，王家大院歲月靜好，人畜平安。而母親起初是不願意這門婚事的。

母親的原生家庭算是書香門第，有讀書的家族是不太願意嫁入如此迷信的大茶商的。上過私塾的母親，有著自己的想法，她似乎並不願意自己人生的未來是被壓在香爐下的生辰八字所決定。她嚮往自在的生活。母親也會蹺課，離開教室的她，一個人走在潺潺溪水邊，看著天空的飛鳥，想著未來可以多開闊，腳踏著冰涼沁心的溪水，思索著：為何要嫁人？自己也可以當個校長、老師之類的吧！

以上是我的揣測，因為，我沒有問過母親的夢想，甚至，沒有想過她老人家是否有過夢想！而這份揣想也隨著室內的燈光，忽隱忽現！

母親順利嫁入王家，成為王氏掌門媳婦。隔年生了個大胖小子，再一年又生了一位小公主。果然是旺夫體質呀！王家大院似乎看起來歲月靜好，可是，大時代的環境卻正處在第二次世界大戰的動盪不安中。

戰爭使人瘋狂，戰爭也使人離散；戰爭使人勇敢，當然也使人珍惜。

母親放下她的大兒子及小公主，追愛天涯到了基隆港。在茫茫人海中，終於找到了父親，原本在讀書的父親，其實是在回家的路上被部隊帶走的，而父親心心念念著他的父親及妻小，三番兩次逃回王家大院，但，還是沒有逃離戰爭的宿命，再次被部隊帶離家鄉，母親的心被分成了兩半，一半心繫戰場上的父親，一半心繫留下來的子女。去與留的兩難，在爺爺不肯放手大孫子們，母親決定連夜追趕著父親移動的足跡，深怕慢了，父親就消失了！

六十歲對現代人而言，真的太容易就到達的數字。甚至在聯合國的定義中，六十歲只是年輕的老人。而那時的母親，為何為父親的六十歲大肆慶祝了一番？在母親的世界裡，六十是個多麼珍貴的數字呀！因為，接著就是真正的老年生活的開啟吧！

六十這個數字，對我而言，也是近在咫尺了！按開關的手動作停了下來！靜靜地聽著午夜的靜謐，偶爾大馬路上傳來的救護車聲，劃開了安靜的夜（疫情期間特別密集）。我起身走向窗台看，看呼嘯而過，一閃一閃的救護車燈，消失在馬路的那頭。

我的工作會坐到救護車，而且機率頗高，因為角色需要，必須經歷人生的真實痛苦與離別。是不是坐救護車的次數也是人生劇本中寫上了數字？站在窗台的我如是想著。而戲劇中坐救護車的次數算不算？可以合併在真實人生中吧？老天爺的那本帳，是否將戲假情真的演出也放入其中呢？

每一次上救護車的戲，我都會在朋友的建議下帶個紅包裝在身上，以保平安。也是好讓真虛世界是有分別的，千萬別讓「無形界」好朋友誤會了才好。有齣扮演神仙鬼怪的角色，特別是傳統戲劇分身（扮演者）也會與本尊用破相的畫臉譜的方式區隔，以示對本尊的敬意！

人對未知充滿恐懼，但也充滿敬意呀！

自己人生行經至此，揣想起父母親的青春年少時光，是何種樣貌？是有多年少瘋狂，又是多麼勇敢或是不得不的莫名其妙地承擔呢？他們可曾在人生六十歲以前對命運豎起中指？大聲吶喊如孟克的「吶喊」？從母親為父親辦六十壽宴中，可以窺探一些母親對生命的敬意，對夫妻同命之情的愛惜，「慶生」是一種對手上擁有的「現在」是心存感激，有夫有子女，有家庭有健康，一家人平安的生活在一起是人間至樂。母親此時是人間清醒吧！不再是那個二十歲的少女，抬頭仰望未來藍天，腳踏潺潺流水夢想，而是像電影《靈魂急轉彎》中二十二號那個小靈魂般，在原本一直無法點燃花火或是找到目標及熱情，遲遲不願再次來到地球體驗人生遊樂場，直到靈魂誤植在一直只專注在成為爵士樂手肉身中，才似乎明白一看見藍天陽光，落葉夕陽，潺潺溪水聲，暖風吹寒冬酷的四季流轉，這些就已經是目標，是人生的使命與意義了！

一整個想不明白的夜晚，不知不覺也天光魚肚白了！重新躺回床上，被窩也因離開太久而因此失溫冰涼了！而如蟲洞的窟窿依然矗立著，等待我的回籠！重新暖被又需要一段時間，將可以包裹住自己的布料，狠狠地包住自己如嬰兒般的堅實不露風！此時，也是我可以與母親靠得最近的時刻，回到襁褓的狀態，與母親產生愛的連結而不孤單。

想像著父母親在他們失去唯一兒子後，再生出來的女兒（我），可以用嬰兒的笑聲安慰他們喪子之痛，用眼神告訴他們不要傷心，可以抱抱我，讓他們不感心碎。孩子的出生是父母的希望，也是孩子的無條件愛父母吧！我在狀似襁褓中的狀況這麼感覺著！

父母親從來沒有表達過他們對我的期望，例如成名、賺大錢。他們太簡單了，只希望他們的孩子平安、健康，甚至連幸福都不會強加在我們身上！好奇妙吧！他們沒有說：一定要幸福喔！對呀！在幸福的海裡，為何要提醒幸福這件事情呢？而我的幸福感似乎也是在這種養成下茁壯成形的。

父親的六十壽宴，有朋友、有笑聲、有孩子、有酒水。有豐美佳餚、有人聲笑語。對母親而言，這就是她最幸福的時刻吧！

幸福不是形容詞，而是動詞，是集合動詞！是可以摸得到的，感受得到的味道、空氣，可以聽到的笑聲或哭泣。幸福的定義是什麼？或許對躺在床上的「微失眠」的我而言，只是需要睡著就是幸福的，尤其是將自己包裹成小寶寶的樣子，就可以幸福的微笑入眠！因為那層隔在我與父母之間的夢境／現實那道透明牆，輕易就穿越了，他們可以青春又年少，我也可以老成又風趣！

夢囈的聲音，滿是幸福的花朵！

25 說夢02 青春夢錄

讀國中時我是騎單車上學的，父親特別為了我的換人生階段，決定買新的腳踏車給我，當作祝福的禮物。他特意帶我到腳踏車店，要我挑一台喜歡的顏色！每一台車新的時候都好鮮豔的迷人，令人難下決定。

姐姐們是共騎一台腳踏車，直到不堪，而身為家中老四的我，印象深刻的是二姐那台載貨的、後座太大的置物架的那款；而愛美的二姐非常不開心的騎著它去上學；因為她覺得不好看，甚至丟臉！大姐沒有單車，因為她生在必須考初中的年代，考上桃園中學是要坐公車去學校的。三姐的車，我沒有太大印象，三年的中學也被風吹日曬雨淋給騎舊了吧！而我上國中，一台全新的腳踏車，一段全新的學習旅程，我選了一台「鮮黃色」的。顏色是自己選的，而我長大才發現這個顏色是代表自信的顏色！那時的我需要鼓勵自己勇敢踩踏每一步人生路。

讀國中時，母親已經五十三歲了！但，母親依然像魔法師一樣地每天有忙不完的魔術；秋天要來臨前，母親會將家中擺設重新移形換位，回家感受很奇妙，原來習慣坐的位置在左邊，但左邊換成了茶几，放書包的椅子被挪到房間，回家就有一種尋寶遊戲，需要時間適應一下。最厲害的地方是——刷油漆。母親可以在孩子們放學回家前將室內的顏色換上新色彩——原來蘋果綠的牆底邊條，換成巧克力棕色邊條！而大片白色牆面則全部刷成米白色。她，一位五十三、四歲的女性，一人獨力完成，真是太驚人的超能力了！母親只會將窗戶、紗窗等細小的工作，交給孩子們在假日中完成。而母親也會選擇在過農曆年前為房子換上新妝。

國中的我，愛跟在母親後面上傳統市場，隨著她買這攤豬肉那家的雞，哪家的蔬菜便宜哪家魚新鮮，都在她的掌握中，假日小跟班的我，拎著菜籃大包小包的認識這些菜市場的老闆們。母親愛聊天，她會囑咐我先回家把菜洗了，魚肉放冰箱，而我正聽著大人們的八卦正興味盎然地，卻被打斷要拎菜回家，臉上表情露出不悅時，母親是了解的，她從錢包中拿出零錢，要我去買自己喜歡吃的早餐。母親是疼愛我的，她知道我會把錢存起來，所以不給我先吃早餐，而是陪她買菜時，讓我自己選喜愛的哪一家黑白切、陽春餛飩麵。我人生的第一幕，在當母親小跟班的日子中，平安快樂的度過。

第一幕有冬陽曬過後暖暖的被子，有放學回家，屋子變身成另一個樣貌，有滿屋菜香。或是清明祭祖要寫福包袋的地址，每年都是我代筆寫，直至今日。一些母親記憶中的老規矩，都在這些點滴的日常生活中，刻印在了腦海，忘不了了！

身在第三幕現在的我，想過停留在美好的第一幕，父母健在，姐姐們正青春貌美，弟弟年幼可愛，而我整日放鬆放空，成績中等沒有強烈競爭心。想努力就進全班第三名，證明自己不笨之後，就繼續保持中等成績美女的狀態，直至高中畢業！沒有戀愛，也不懂戀愛。

高中同學們都非常認真準備大學聯考。我也很認真，可是這個用功努力，也沒有特別進展，是不是因為大家都如鴨子划水般默默使勁兒？外表看似不用力，而實際上，大家一直保持等速前進？所以，看不到進步？

面對考試壓力最好的紓壓方式就是談戀愛。寫情書是那個年代最好的方式，既直接又含蓄。

高三是壓力最大的年紀，有同學夜讀，寒窗小縫陰風徐徐，吹得她面癱住院，顏面三叉神經受傷，讓她請假一個月治療。而我則是最後一堂自習課，準備收拾書包回家，發現書包上有一封信，並未署名給誰，我嚇了一跳，立刻放回去，心想：我怎麼偷看夜間部同學的情書？真不道德。放妥情書的我，像是做了虧心事的賊一般，快閃離開教室。

隔天如常到校，如常早自習，如常地看著書放空出神。男同學趁我起身到公布欄看資訊時，立刻跟上來，他問我：妳有收到我昨天放在抽屜裡的信嗎？我心中頓時一懍，原來那封情書是寫給我的呀！我回答說：沒有。這位男同學沒多久就休學去念五專了！而這類事不只發生過一次。

高二班級是男生多女生少，班上只有十三位女生，卻有四十位男生。我為了爭取少數女同學的權益，會大聲爭取為什麼女生就要掃廁所，大家要公平分配清潔工作才合理。而這十三位女生中，有兩位女同學身高一七六，是女籃校隊隊員。爭取公平權益的嘴臉是不太好看，她們嬌滴滴地看著我一副母老虎的樣子，在台上張牙舞爪。一邊看著我，又一邊看著班上與我爭辯的男同學，眼神中流露出：他好帥，好man。因為那個男生也是籃球校隊一員。從此班上清潔工作是男女生平均輪班。看著一七六公分的女籃同學，拿著短小的掃把掃地，真是有些滑稽，或許她去掃別的地方，拿大拖把好像更適合些。

班長是男生，副班長則是女生，我則是風紀股長。

習慣早起到學校享受晨霧飄過山茶花的校園，沒有人的教室，好安靜。我一個人趴在後窗台看著三樓下面的花園，是對高中生活最好的放鬆時光。直到有同學進教室，我才回神過來要當一位乖乖高中生。

班長有一次將我叫到走廊上，早自習是安靜的讀書聲。

他說：我可以跟妳做朋友嗎？我心中又是一懍，這是啥意思？我直接回他：我們本來就是朋友呀！

新學期他就轉學了！（戀愛萌芽殺手又一發。）

也發生過同學幫隔壁班男同學轉情書給我，而這位轉情書的女同學，是暗戀寫情書的男同學的。她藉由幫他轉情書可以多多與他聊天，或許是聊「我」吧！「我」又是個那麼不解風情的中等成績美女，整個放鬆又放空的學習狀態。而那個男生是考甲組的，長得有點像吳彥祖。這個男生沒有轉學挺住了！但，他轉念去追他們班的甲組女啦！

縱使戀愛神經不發達的我，還是會被窮追不捨的精神給感動，而願意試試看。

一九八〇年的戀愛是屬於只要單獨出門約會就認定關係了，根本尚未牽手或肢體觸碰。我基本上是在這種社會氛圍中認識戀愛的方式，而在看過一次電影的男朋友考上了大學，而我落榜了！起初的他興奮地分享大學新鮮人的種種生活，從一週二到三封信，變成一個月一封，然後，就沒有然後了！

第一幕的愛情經驗，是沒有桃花開，雖然身在桃花林中。母親並不知道我這些荒謬的愛情事件，或許，她心裡明白我可以照顧自己，是那種很難被愛沖昏頭的孩子吧！

喜歡這種搞不清楚愛戀為何物的狀態，吃苦的是那些太想要明確答案的人，而我，是讓那些轉學的同學吃苦啦！

直到高中重考那段時間，來了一個大考官，他將我人生第一幕結束，直接進入第二幕人生了！

一個無人知曉的清晨，一段絕對冷靜的旅程，不讓彼此父母傷心的決定，這個奇幻過程反而保護了彼此的安全！《如愛一般的存在》是我對關係的信任吧！沒有誰是真心要傷害誰的，對方只是被恐懼掩沒罷了！不愛了，還是可以保留點善意。（請參：《如愛一般的存在》書中有這個事件的過程。）

成長了，理解了，同理了，成為一段記憶了！

依然喜歡上傳統市場，因為那是我與母親心魂上的連結，踏著市場半濕半乾的路，哪攤人多我也會跟著去買，保證是在地人的認證！也喜歡聽顧客與菜市老闆聊天，街長里短的生活瑣事，特別有小時候的氣味，感覺母親就站在我身前，我則聽著她說著話，笑語連連，那觸手可及的溫度，對我是如夢境一般的真實存在。

26 說夢03 不厭其煩，不麻煩

特別喜歡現在，冷涼的氣溫，適合火鍋，冬季的視覺雖然偏棕灰色，不那麼明亮，可是卻有一個節日值得期待——過農曆年。

香腸、臘肉都會在放寒假前，母親已經開始灌腸與醃製，如果幸運的話，可以在放假前放入國中的便當中，香氣四溢。濃濃的肉香已經預告要放寒假及快過年了！晚上可以睡在被冬陽曬過的暖呼呼的被子，冬天不宜早起，特別是有冬天太陽味道的被子裡，更是適合蹺課。我沒有蹺課，因為我是守規矩的學生。但，肉體出門上學，靈魂卻依然躲在被子裡！

假日是幫助母親採買及洗刷櫥窗及整理家務的時光。鄰居們將小孩全部集合在水井邊，搬出櫃子深處，只有過年過節才會使用的，特殊且有年味兒的鍋碗瓢盆來洗。母親會在許多家飾上換季，告訴家人們現在是什麼季節。

一群小男生、小女生們，嘰嘰喳喳聊著校園中的誰暗戀誰！誰又蹺課被訓導主任打；有人打水，有人認真洗著一年一見的印有福、喜、壽、春字樣的大瓷盤，沉重又充滿喜氣。蒸籠是三層的，年糕、蘿蔔糕、發糕都是從這蒸籠熱騰騰製作出來的。過年的大菜，都是出自母親之手！

我則是跟上跟下的幫忙當小助理，打下手。

嘴巴不時吐出「好香喔」、「好好吃的樣子」、「好漂亮的年糕喔」，而這種小幫手最大的好處就是可以第一時間吃到熱騰騰、香噴噴的美食。年菜不但全部是母親親自烹調，連零食也是自己製作——巧果。用麵粉為基底，揉扭成一片片像蘇打餅乾一般大小薄片，然後在中間劃上一刀，將麵片穿過，打成一個花結，放入油鍋中炸至金黃起鍋，想吃鹹的就放點鹽，想吃甜的撒些糖。如此一來，就有兩款過年的自製零食，健康又美味！（今年過年，我做了，真是費工，但感動家人們。）

對我而言，這種年味兒是像夢境一般，有時會在某個秋冬交替季節出現，提醒著自己那個充滿年味兒的童年青春。

新衣服是現代人的日常，也是在快時尚潮流的推波助瀾之下，成了生活壓力抒發宣洩的管道。隨時可以買，上網滑滑滑，手指點點點，然後就等著快遞的到來。屋子有一個角落上有一些十一購物節尚未拆封的紙箱，內容為何物？早就不記得了吧！下單的興奮及紓壓在訂購完成時已經完成了，沒有延續，也不會延續。期待開箱或是願意等待的美好的瞬間愈來愈短，而快樂也愈來愈少。

買新衣服是過年期待的事情之一，如同期待紅包。穿新衣戴新帽，新皮鞋、新內衣、內褲的新春新氣象，我仍然會如此為自己準備。而且，一定是除夕當晚換上才肯安心守歲，即使父母已經不在，而我仍然固執這個儀式。

書寫這篇的時間，又已接近農曆了，我的腦子又陷入了某種迷惑行為——訂年菜。除了好吃之外，還要考量人數、口味與保存老味道的菜餚，有哪些年菜是可以達成過年熱鬧美味又豐盛的視覺效果，又有哪些是必須自己親自烹煮，才能讓晚輩們體驗老派年味兒！所有的菜餚不只是年三十晚上的那一餐，還是大年初二，大家回娘家的大團圓，原本一桌足夠坐，現在已經要兩桌半才能坐得下，二十多人的回娘家的菜色不能重複年三十晚上，這是我給自己的挑戰，也是我期待的好時光。

曾經訂過三家不同的年菜，平日冰箱是只放雞蛋、青菜、豆漿，冰庫只有冷凍水餃，一到過年準備期，瘋狂如我的網購年菜吃貨，一批又一批的快遞寄回老家，忽然發現冰箱太小，不夠裝入佛跳牆、櫻花蝦米糕、元蹄、梅干扣肉、全雞兩隻、香腸臘肉、三代蘿蔔雞湯等等，青菜、各式滷味，滿到姐姐喊：不要再買了，冰箱裝不下了！

天天都可以吃得很豐盛的現代，家人並不缺這一餐，我為何這麼大費周章地準備如此澎派的夜宴呢？

假期的滋味淡了，是不是忘了願意將「美夢」傳承下去？而自己還記得這份美好，是不是青春期與母親相伴的記憶？建構了對年節節氣的偏愛？還是美食是我童年對家的認識？

現代人工作忙碌，外食已經成為常態，在家用餐反而成了例外。但是疫情期間，有了兩種轉換：根據調查統計出，疫情期間在家煮食的人變多了，出現了許多隱藏在體內的大廚師，原來，人人都有廚師魂呀！為自己做一頓美味佳餚，真的不困難！另外，外送服務也變得更加活躍了，甚至早餐外送也加入點選項目。而我，則到現在仍然不會使用叫外送的模式，或許是怕麻煩多於不想學會吧！指頭按一按，就有食物可以送上門，是方便，但不是「家」的記憶。

從準備想要吃什麼開始了一連串的「自找麻煩」過程！有一天買了一顆芋頭，於是就想到冰箱有一條魚，魚加上芋頭不就是鯧魚芋頭米粉嗎？怪怪的是吧！沒有米粉。對！買！沒有白菜，買！沒有芹菜、大蒜，買！其他配料買好了，一應俱全後，開始削芋頭，清洗蔬菜，熱鍋冷油下魚煎香，放置一旁，等待芋頭煎至收乾切面，再處理白菜及其他配料，放入開水，水滾後再一樣一樣放入食材。是不是一種自找苦吃的迷之行為？要叫外賣不就解決想吃這一味兒的衝動了嘛？為何要不厭其煩地自己下廚呢？「家」的味道就是一種不怕麻煩自己，不怕麻煩他人組成的呀！

如果是怕麻煩的人，不可能與陌生人組成家庭，生一些孩子，被動的連結了許多沒有血緣的親戚，如果怕麻煩，不可能年節換季，春去秋來的日子，為「製造出來的麻煩」曬被子，做晚餐，灌香腸，醃臘肉，想著明天便當菜色又營養又樣多。

生活在都市的人，是怕麻煩的。省下時間很多，但多半是給了工作，給了交際應酬。是一幕一幕寫實的人生職場升職劇，不然就是一場一場的家庭通俗倫理戲。買幾個便當，一家四口晚餐就解決了；如果有長輩共同生活，也可能因工作太晚而無法共進晚餐，而有一種味道是便當或外賣無法提供的，那就是「家」的味道，用心的營養搭配菜色，沒有急慌慌的焦躁氣，或是過度調味的刺激味蕾的餐廳味兒！

離家讀大學，是我人生第二幕的開始。吃住學習就在外地，偶爾回家吃吃母親親自烹調的家鄉味！而我念大學時母親已經六十多歲了，她也開始了她人生的第二幕了！每次要回家前，我一定要確定她在家，我才願意回去，因為，有娘才是家，才有家鄉味兒！

母親離世後，父親成了全家團聚動力。而當父親也過世後，似乎應驗了俗諺「死爸路頭遠，死母路頭斷」，而我的美夢是否也就此夢斷不再繼續了呢？

要將全家箍在一起，是件多麻煩、費勁的事！耐心邀請每一位家人努力每一次的聚會，都必須保持樂觀及不期待答案。也要考慮每一位家人的現實生活與他們自己的計畫。不過度樂觀也不情緒勒索，我只是簡單的不怕麻煩，且充滿熱情地不斷邀請他們，就如同對待好友一般，給空間、給時間、給誘因、給愛。

我願意當箍桶，因為這種美好的生活，對家的認識是父母親為我建構的印象。每一股香味飄散在廚房中的嗅覺，每一幅母親在廚房忙裡忙外的背影，一口一口品嘗著母親餵給我美食，一晚一晚陪伴在父母身邊守歲的夜晚，一個又一個清晨，母親為父親準備初一的菠菜豆腐清淡早餐。

雖然一台又一台外送員辛苦地穿梭在大街小巷，為每一張飢腸轆轆渴望被餵飽的臉，忙碌奔波。經常看著他們為生活打拚而勞累的背影，心中著實心疼，為五斗米折腰而駝著背的他們，背負顧客們想飽餐一頓的滿足感的責任，而這份飽足是可以讓五臟不空虛，但內心呢？「家的味道」呢？我不會將這份內外滿足放在外送員身上，而母親的背影，那個為一家大小、不怕麻煩煮飯的背影，微駝但美麗，永遠是我要傳承下去的美好夢境！

27 談愛01 教堂誤語

有些人到了半百之年，才開始處理自己的婚內失戀或婚內失婚的現實。失去「愛戀」的感受讓人無法久待於婚姻場景中，此時，未必需要有第三者來攪動一攤凝滯的關係，而自己已經先被冰點空氣凍結窒息。而我在人生第三幕時，經歷完成了那種推不開、拉不動的黏稠的夫妻關係。

因為要宣傳電影《不想一個人》，而參加了唐國師（學妹）的星座節目。沒想到的是，她說我幹嘛進入婚姻？付出所有之後還不被珍惜，我回答：我成化肥了，婚姻中的肥料嗎？她笑得花枝亂顫的，超可愛。我也自我安慰：好佳在，我走開了！耳中盤旋著「什麼星座在第五宮及第八宮」之類的。

小時候愛上教堂，天主堂的那種，神父操著河北口音唱著拉丁文的祈禱文，整個彌撒布滿著異國情調，華麗的聖袍，會因節慶不同而有變化：紫色、金色的披在白色基底袍上，甚是美麗。教堂的玻璃是彩繪玻璃，並且有著聖經故事，耶穌受難的苦路，揹著十字架臥倒在聖母瑪利亞懷中等等。我是容易分心去欣賞這些畫面的小孩，陽光會穿越這些顏色，照進彌撒現場，彷彿置身天堂。

教堂的神聖，除了儀式感創造出來的夢幻感之外，還有一項就是慈愛感。

大溪復興鄉有許多美女——原住民美人兒；她們跟隨家人至平地就學、工作，而假日則會到教堂參與彌撒，而平日晚例會聽聖禮講道，一群美女聚在一起真是美好的畫面，但教堂外面卻有一群少年排隊等待她們聽完道下課。

我與小群對望一眼，心領神會的往教堂散步而去！信步走到教堂，一群美麗的姑娘們與一票眼神熾熱，燃燒著戀愛小星星的童伴，當下覺得他們真是見色忘友的爛男生，而現在想來自己才是那個傻到天邊的笨妹妹吧！他們的童年被一群原民美少女戰士們收編了，轉身變成愛美耍帥的翩翩少年，而只有我，傻乎乎的站在原地，等待童伴們回歸。

大姐的婚禮是在台北的聖家堂舉行的，很神聖很莊嚴。

三姐的婚禮則是在小鎮上的教堂中進行，簡約又隆重。

二姐的婚禮在小孩大到可以當他們花童時在教會中完成的。

老弟的婚禮是有著一群部隊兄弟們，陽剛能量爆棚的祝福下，完美持家。

他們也幸福平安的走上了人生第三幕的現在。

而我的婚禮現場，已經成為違法俱樂部，告上法院，官司尚未停歇！這是什麼意思？有點意思！

母親的葬禮是用天主教的方式，回歸主懷。

母親在人生第三幕有著安慰她心魂的信仰。生病癒後，她每日早晚都跪在床前祈禱，與她的上主說說話。或許，母親看明白她身體寄給她的情書了吧！她老人家善用了最後生命的那幾年，保持與她內在上主的聯繫，也在行為上幫助鄰居孤獨老去時的後事。詢問壽材店老闆關於後事需要什麼花費。母親少小離家並未回還，也沒有機會向她的長輩學習終老。她就自己摸索，勇敢地直視他人的死亡，從而學習面對它。

母親葬禮儀式結束後，與壽材店老闆結算費用，壽材店老闆說著母親曾經幫忙處理一些其他老人家的後事，令他印象深刻。並將這份榮幸回饋在母親的喪葬費上，以一個整數作總結。怎知，母親連這份一分不差的都準備好在她某一個戶頭中。愛就是這樣，剛剛好的分量吧！

人對愛的追求，有著完美的偏執。

在經歷了一次又一次愛戀、失戀後，卻又那麼渴望在婚姻中實現對完美的愛的追尋。

是不是蹲在婚姻中的姿態，是為了找機會彈跳出圈？而站在圈外的，卻引頸期盼地一直在圈內探看。活脫脫錢鍾書先生《圍城》書中的寫照。

我不確定父母在婚姻中有沒有想彈跳出去的念頭，但，他們守住了這段婚姻，守住了這個家。讓我們感受到的是一種相信相守的革命情感，一種到老年為伴，與子偕老的能力，是私人練就的，超越「愛」的能力，因為不是只愛「自己」，而是愛成了「我們」吧！

曾經想在 Podcast 談談關於我父母讓我體驗的關於「愛」的世界，初錄後，分享給幾位好友聽聽，結果發現，原來自己的家庭、父母、兄弟姐妹、鄰居友人只是少數的存在，只是我選擇面向光的經驗，不是大多數人的童年青春期。這個回饋令我深深思考著，是真的家庭倫理劇如此和諧嗎？還是，我用偏光眼鏡選擇看見事件的光明面。是不是我不選擇提起傷心的記憶？是不是不想要「念頭決定了看見事件本身的實相？」事件的真相其實是沒有真相，而是我怎麼看它，決定了它的意義？

關於那個尚未推出的「愛說話」的 Podcast，不知道有沒有機會重見天日，目前放在電腦檔案中醞釀著。等待一個適當的時機點吧！

每個家庭都有屬於自己的故事，我的姐弟們也是，會吵架，會冷戰，甚至負氣離家出走，但，這並不表示就要抓住錯誤不放手呀！誰都會在無名中生活許久，而一直不願離開「生命受害者」的角色，也讓所有參與這齣戲的家人，更加糾纏不清。我的方式是：停下來。問問自己在想什麼？是想責怪對方讓自己活得不好，不快樂？還是，可以躲在承擔自己也有責任的霧區，讓對方扛起一〇〇％呢？吵架、冷戰、負氣種種情緒都是在呼求什麼呢？突然，我就醒了，不再被情緒綁架、被情緒勒索了！想想自己的想法是要好好說話？還是要分手。以鄰居為真實的例子：吵架聲音大到整棟樓的鄰居都聽得到。回想起來，她當時的想法是要劃破某種偽和諧的現狀，讓對方難堪；怎知難堪的是她自己，因為，是她住的所在呀！對方完全可以不用面對它。她自己以為宣洩了怨氣，目的達成。怎知下樓時，遇到每一位鄰居都會投以禮貌又不失尷尬的慰問：姚小姐，妳還好嗎？她那雙紅腫的眼睛在太陽眼鏡後面依然藏不住。

小時候，母親對於在外闖禍的我們，絕對不在大街上直接打罵，而是用威嚴的眼神說著：回家。此時，心中知道完蛋了！母親知道孩子在朋友、鄰居間，仍需要保有面子，孩子的做人的尊嚴也是很重要的。寧願自己回家關起門來處理，也不要將來在外面被社會教訓。而母親也說過：孩子的自尊不能被打掉，不然在別人面前會抬不起頭來。

而鄰居震天價響的吵架經驗，吵到大家都表達關心之餘，可能在內心是另一種看待她的生命吧！或許她正在她人生的第二幕，還有許多可以學習的地方。都是練習，可以邊活邊修正。學會了，就拉開人生的第三幕，如果尚未，就人生第二幕part2、part3……成長壽肥皂劇了！

希望自己已經離開那年少瘋狂，無名之境了；願每一次醒

著的清晨與睡去的夜晚，帶著感謝與覺知，成為一位明白
「愛」為何物的人！

28 談愛02 表演悖論

或許是時候，可以談談關於表演了！

有時，朋友問及，為何不再開表演課？我也問自己，為什麼？但表演守則：認識自己，接著搞懂生活，再來好好活著。第一則：認識自己，是大哉問。生活中的自己與戲劇中角色扮演，有區隔嗎？不可能完全區隔，因為怎麼變樣還是自己肉身扮演呀！除非A. I.換臉，但也不會完全一樣，畢竟角色有它自己的人生，角色性格，而某些角色性格的凸顯化，不一定是演員本身意識層面知道的。《黑暗騎士》的希斯．萊傑深控自己內在的黑暗面，顯化在角色更具體的陰暗面。而我自己也曾演過舞台劇《八月在我家》（電影版《八月心風景》），梅姨的那個角色！那個是極其暗黑又複雜的角色：吸毒、嗑藥、抽菸、說髒話的生病母親，非常不健康，這也是我對健康的認識，要將自己照顧得好好的，但後來發現，自己進入角色後，身體真的開始出現發燒、感冒現象，去看中醫把脈後，身體細胞真的相信了想像力創造出來的世界。於是，便開始與身體溝通，並且提醒那是戲，必須出戲。而這個練習也幫助我的下一個角色——《當你轉身之後》（心靈病房），罹癌末期的文學教授，在臨終前對自己生命的回顧。父親對自己的影響，小時候講故事的老師，自己在文學院如何授課的日子。一百分鐘的戲，自己說了九十分鐘的話，最後十分鐘，因為是急救，無話可說了！而這個戲的挑戰是必須瘦，但又要擁有體力，才能完成的角色，演出時很孤寂，送它離開也非常糾結，因為演出時，必須保持一種與世隔絕的狀態。不能歡樂，不能享受美食，孤單的活著，是那段時間的日常（非常違反了我的生命態度）。而完成演出要送走角色又是一大難題，生活習慣，飲食、思維方式，都被角色的能量絲線給深入在肌理，要請它離開，真的像是退駕一般——人整個虛脫了！

演員是個高危險的行業呀！耗盡能量不是肉眼能看見的。

在師大研究所上表藝研究所的加強課程，有一位香港的同學，下課後來表達一件有趣的事；她說：老師，本來我還在想，老師妳好適合演《當你轉身之後》（心靈病房），結果上網一查，原來老師在二〇一六年就演過了，而香港也在同年演出過，香港劇團本來要找原本那位演員，繼續加演，詢問過後，那位演員老師生病了，無法再演出。沒有人真正知道她為何生命，但演過之後，她生病了！

有些孩子想表演，問我的意見，我該怎麼說？又能說到哪兒呢？

縱使表演經驗很多，有時仍然會失去信心；有時覺得自己很棒，有時又覺得自己表現得太不理想了！而演員是最需要認同的行業，需要觀眾的支持與愛的目光。但我將「去認同」視為人生終極目標，但完全是活在一個悖論矛盾的世界中，我的拉扯也常在演完後，獨自回家的路上想著：自己為何要這麼費勁兒，為誰辛苦為誰忙？但，一旦有好角色、製作找上門時，又像失去記憶般的忘我投入，只能說古人言真是有道理：七戲子，八叫化子，九吹糖（是椪糖嗎？），自找罪受皮癢癢的工作呀！

高標的看待表演藝術這門行當，適合嗎？

自己從事表演工作時，是一個手機才正要開始，大學電腦課還停留在理解程式語言為何物的年代。本來就快速不了的時代，慢慢地完成一齣戲是稀鬆日常的生活兒。手工業一直是劇場工作的代名詞；如果一齣戲一百分鐘，一分鐘就要一到兩小時的排練時間，能打磨完成，上台演出。一百小時是什麼概念，一個時段排練三小時，三十三個—三十四個時段，而通常戲會是一二〇分鐘—一八〇分鐘，需要的時間就更長了，三個月的排練，一週五個時段，有時會加排。不是高效性質的工作，是要耐得住深掘與磨皮、拋光的藝術。表演是一件必須願意「給出」演員的愛恨情仇情緒的工作，也必須是水裡來火裡去的高危險職業。身心的健康，必須由自己在決定走上演員這條路時，就要有心理準備的；沒有人可以保證：我準備接受所有的磨難，也不會有任何演出保障「一定紅」呀！「想要人前顯貴，必先人後受罪！」我該如何告訴想進這一行的孩子呢？

我「愛上」這份工作，也因為老天爺一直給我機會，讓我走到今天？還是因為一直有機會表演，我才有機會「愛上表演」呢？這是不是一個雞生蛋、蛋生雞的人類永恆的提問呢？也就能碰到了「自己是誰？」的大哉問啦！

第二項理解生活又是一個表演老師們的教學核心！

明明大家都在生活中，又為何要理解「生活」為何物呢？生活除了吃飯、睡覺、上學、工作之外，還有煩惱、焦慮、財務、愛情冷淡、糾纏等等所組成的生命主旋律，生活中的人與演員之間的差異在於演員是需要記下它並且轉化後成為可以演出的資料庫，簡單的說法就是：善用情緒垃圾成為燃燒角色的生命的厚度，再直白的話就是：資源回收，廢物利用，酒矸倘賣無啦！（也收集他人的故事。）

並且有能力與情緒、故事保持一段距離，好在扮演結束後可以「送神」離開！

而生活中的我們，是不是也與那些椎心情緒企圖保持剛剛體驗的時間與距離呢？我是願意這樣對待自己的生活的：入戲時不忘觀看覺察，出戲時感恩不眷戀。但角色有時如鬼魅一般會出現在腦海中，不知是它捨不得離開，還是自己眷戀不放手？我在「表演」這門藝術面前，還是名小學生呀！

那麼怎麼告訴那些想入行的人兒們呢？我都還在小學生的階段呀！

第三就來到好好活著。這又是一個奇怪的提問，什麼是好好活著？現在，我有一些些懂了，簡單說就是接受生命的衝擊及挑戰吧！之前，會覺得自己的價值建構在「好演員」、「好孩子」、「好學生」、「好情人」、「好太太」、「好媳婦」等等角色設定中，當變成「不好」、「不理想」、「失敗」、「失婚」降臨時，我面對的是自我價值的低落，失去喜歡自己的能力，因為我不完整了，我失敗了，角色失分了。這些都是我無法好好活著的裂縫，並且透著寒風。這個不能好好的部分，也是重新省思的開始：自己存在的價值是建立在「好好小姐」、「好太太」、「好媳婦」之上嗎？頭腦明白不是，但，心理狀態及念頭都需要時間來轉換或放下。「好好活著」這種考驗不會只來一次，疫情期間大家都陷入一種集體焦慮之中，有工作的愁，沒工作的反而不大愁。而我是屬於工作突然斷頭似的演出取消，而非延後，本以為放大假的好心情，在遙遙無期的無限暫停的狀態，那原來好好度假及陪伴自己的心情，蕩然無存。因為有工作就等於有價值，相反則是沒有價值！

這完全是靈魂拷問。我被火烤焦灼地輾轉難眠數個夜晚，發現原來「可以起床為自己做一頓早餐，泡一杯咖啡是多麼美好的事情呀！」耳邊聽著穿梭在街上的救護車聲，心裡想著自己的幸福的當下，身為一位好好活著的人，其實是最大的價值，無須功成名就來證明自己的存在，感恩能呼吸，感謝那些為我們擔起重任的朋友們。能夠好好地活著，真的是心中有彼此，我們，不孤單！

或許，我可以好好談談熱愛的表演了吧！

每一項都是人生值得好好地探索一下的功課。

對表演有興趣的朋友們：「誠實」是必須的態度。真心誠意是「愛」作品的表現，更是會讓表演好看的基礎。當自己願意如此態度的面對自己、面對作品、面對觀眾時，說「愛表演」這句話時，心臟會展現砰砰跳，血液會澎湃血脈賁張，耳朵嗡嗡作響，這些都是訊號，都是老天爺說：你，準備好了，歡迎你加入這門手工藝行業！

29 談愛03 教育組合拳擊手

與教學的新手老師聊到如何使用「師權」！

自己念小學時，一直是個穿著乖小孩外衣，而內在是個愛幻想的小孩，所以老師大多時間不會注意到我失神狀態，而外在活潑好動的同學們，就成為老師熱追蹤的目標，誰搗蛋，立刻被老師遠紅外眼給鎖定。記得小五、小六的班導師是主修體育，副修打人（我自己編的啦），對調皮搗蛋的男同學一點都不手軟，各式打人的刑具——座椅條、藤條、夾子，還有他那健壯的雙手、雙臂，以及他那整學生的遊戲，真是令人髮指。想想一個五、六年級的小學男生，個頭再高，高不過老師，體型再壯也只是小孩，而體育老師力大如牛壯如山的身形，打起活潑外向好動的小學生，像是不要命似的，下手之重，讓同班同學嚇到想尿遁！而我則是躲進了自己幻想泡泡中，不願看著那受酷刑後憤恨老師的眼神。在「師權」大過天的年代，孩子的個別狀況是不會被注意到的；不像現在，每個孩子都是惜命命，都是父母的寶。以前當然也是，只是孩子多，父母教育程度不高，並且相信老師是為孩子好種種信念之下，餵養了老師權變成「獅拳」。

我看著男同學手被打到無法拿筆寫字（因為他沒交作業），這下更有理由不寫啦！有時被倒掛金鉤的方式將腳掛在黑板槽，手撐在地上，整整一堂課，說也奇怪，那幾位男同學體力超好的，下課就在老師離開教室前腳，他們後腳立刻跑到操場玩「殺刀」了。看得我目瞪口呆，心想：莫非他們不是人，是隱藏在學校的超異能人士？

上課鐘響了，全班同學坐好準備上課，「起立、敬禮、坐下」「老師好」的上課禮儀完成後，老師看著幾個空位，說了一句：又蹺課啦？我轉頭看著空的椅子。心裡想著：他們好勇敢，坐著飛行器離開這裡了。我是很喜歡那幾位男同學的，長得帥又有創意，敢於頂撞老師的權威；現在想想，他們只是太早出生，生在一個沒有「孩子受教權」意識的年代。我的這些男同學，後來，真的沒有再到學校了。小學的求學歷程，心理狀態是對「師權」、「權威」特別敏感，明明同學只是愛玩、活潑，卻被老師在濫用師權下，活生生將他們逼出學習場域，他們後來去哪兒啦？轉學了嗎？我無法得知。

與新手老師想著這些童年往事，心中仍有隱隱的酸楚，如果生在現在的他們，可能被診斷出是「過動兒」或有「閱讀障礙」吧！也可能放對位置，可以是運動高手或是舉重金牌呀！

但是這「師權」也像鐘擺效應般，從「權威」端，擺盪到「受教權最大」端。許多教學現場，忽然變成知識、學歷的交易場所，老師無尊嚴的一張一張放著ＰＰＴ，口說著ＰＰＴ的內容，心想著：快點下課好去吃好料（也是我偶爾這樣想的啦），教學現場沒有熱情與知識思辨後碰撞的火花。甚至有看過新聞報導：師生在教室打起來，也拜科技之賜，為了保障老師學生之間相安無事，在教室裝監視器，這是個教育現場怪奇錄吧！似乎老師防學生像防賊一樣的要保護自己，而學生們則是像獄警般監視著教學內容，我的老天鵝呀！這根本是諜報片的現場吧！

諜報之間就是信任與不信任的遊戲。真的，不宜發生在教學現場呀！

自己到現在依然在教育現場：從研究所到中學都有課。戲劇課程是可以屬於每一位想要好好生活的朋友的！在面對研究所的大孩子們，尊重與看見他們個別特質，欣賞他們的與眾不同，鼓勵想從事表演之作的同學，要喜愛自己的「黃金礦脈」；有一位學生非常困擾自己為什麼一上台觀眾就笑，她什麼都還沒有開始做，而且演的是非常嚴肅悲傷的角色，但，觀眾看到她的臉就笑成一團，她心中非常困惑，為什麼不能讓自己好好演出呢？笑聲一直打擾著自己。我聽著時，嘴角不自覺上揚了，立刻打斷她不解的抱怨，說：恭喜妳，妳坐在妳表演的「黃金礦脈」上，這是天賦，許多人要讓觀眾笑是需要花非常大的力氣。

還有一次與《同學麥娜絲》的金馬男配得主──納豆聊到關於他演出的一場重要戲是怎麼發生的。他說：一群同學拉背面對他死命搞笑，扮醜咧嘴加上鬥雞眼時，他突然覺得好難過，眼淚就不自覺地流了下來！

我曾在師大話劇社當戲劇老師，學期結束有個呈現，即我看見林郁智（本名）身上有一種外表開心而內在憂愁的矛盾氣質，就選他當三K黨（kid's、key's、kiss）的主人翁。而納豆也回饋我說：多年後許多導演也是看中他的這個特質，讓他出演角色。

老師，是必須很有慧眼，看出每個孩子的不同，在適當的時候告訴他，但時機很重要，要剛剛好他們耳朵聽得進心的那個瞬間。就像父母親完全捉得住孩子起手動眉毛的小心思一樣。

記得大姐及大姐夫的有趣對話：你不要濫用「父權」指揮做東做西的，而大姐夫則會提醒大姐：妳不要濫用「母權」，要孩子努力學習。我是從姐姐口中第一次聽到「父權」、「母權」這個概念。大姐是國中退休老師，從小愛閱讀，與她相差十歲的我，在她讀大學時，我才小學二年級呀！跟著她聽西洋音樂，看國外影集，讀她從圖書館借回來，我根本看不懂是啥的《巴比倫占星學》、《古文觀止》之類的書。

大姐是一位優秀且受學生愛戴的好老師；她可以有將中段班帶成前段班的能力，但她不愛搶前段班的導師光環，而讓孩子學習有成就感，也是她的成就感。甚至有時聽到她小孩抱怨她對學生的關心比對他們多。師權 vs. 母權真是難平衡呀！

在教育現場「權力」是一種權柄，是一種象徵，但卻可以在現實中推生註死，影響孩子們的一生，就像我小學的體育老師般，將一群小學男生，硬生生逼翻牆逃生去了！同樣身為老師的我，深以為鑑，引以為鏡。在教學現場，以前會怕，所以容易大聲，讓自己好像很權威、很厲害、很嚇人，不好惹，以便控制現場秩序，免於失控，免於自己落入教學無方的挫折感當中。後來，學著看見每一位孩子的特殊才能——文字能力好、愛思考、好辯論，喜歡引起注意、藝術天賦高、安靜卻愛觀察、合作支持同學等等，這些是在中小學生的表現上特別明顯。而如果遇上看得見不同特質的老師並且能欣賞他，真是幸福呀！如果相反，其實也不用害怕，因為「生命會找到出口的」。這是我在面對較年輕孩子們時，面對他們的心態——信任。信任他們擁有力量，可以展現才華、勇敢冒險。這時的他們對自己又自卑又自我，特別在情緒上失控，也容易捉住老師語言上的破綻，對於讚美或批評，也特別會記在心上，尤其是建議會解讀成「老師不喜歡我」。

有一招我在戲劇課使用頗有效果，就是當孩子私下來問剛剛的表現如何時，不給好壞的價值判斷，而是以他剛剛真實做到的部分給出實際的回應，並問他自己感受如何？此時，他就會回到剛才練習的畫面中，看見自己哪些做到，哪些可以修正。不給孩子沒有實際作為的讚美，那樣只會將討好人格餵養成第二人格（潛在人格）。

說教育太嚴肅，但無處不是教育，無處都可能失控呀！不談教育又太冷漠！冷漠會殺人的，整個社會可能因冷漠而退化，而致死。

喜歡教學，是因為可以在教學現場將理所當然的習慣，重新檢視一次，再次新鮮。而當在江湖走跳久了，對許多事情失去信心的當口，看到一雙雙閃著信任，充滿好奇的光芒盯著自己時，會讓我憶起初心：教育是一切的根本，唯有「信任」可以讓孩子勇敢冒險，知所舉措及明辨是非。唯有「愛」才是孩子們犯錯的防護網，在保護中犯錯，而不要進社會犯錯，卻沒人照顧！給教育現場老師一些該有的老師尊嚴吧！而這份尊重也必定會到孩子身上的。

30 談愛04 人生藍圖——相揪來扮戲

人生不會過錯，也不會錯過，因為一切都是自己的生命藍圖。

小時候沒有特別想過為何我是我父母的孩子？為何我的排行是老四，而之前有位哥哥過世，三位姐姐之後再來是我，六年後，我老弟出生，本來要擔負王氏血脈傳承的命運，突然解除任務，自由了。這一切的一切，如果是有一個劇本，那麼這個劇本是不是在某個會議桌上討論過，全體同意後，才成為一家人呢？

《小靈魂與太陽》就是這樣一本小小的書，解開了某些認知困惑區域，也鼓勵了自己活得更向陽、更有光。

父母是在極渴望擁有一個孩子的狀況下，我就投身在母親的肚子裡，成為他們又渴望又害怕的生命。渴望的是可以投射我是我哥的投胎轉世，害怕的是在超音波不發達，無法測出性別的年代，只有等待生出來才能揭曉。而「莫非定律」就是永遠測不準，害怕什麼來什麼，果然是個「女孩兒」，這時四十歲的母親也是鐵了心的將我當成未來當家的孩子養——非常尊重我、愛護我。我成了女漢子。

古諺：三歲看大，七歲看老。是在七歲以前要養成的性格習慣，建立了往後幾十年的基礎。因為在小時候較容易建立塑形。而我一定是在人生藍圖會議上，提出了有趣的建議：我要在哥哥過世之後，成為你們的孩子，但性別是女生，既有安慰到父母，又可以體驗當女生活出自己，而且與我老弟商量，可以幫我忙嗎？如果我要傳宗接代，一定會哭死，也可能因為不自由而失去原來有趣的靈魂，老弟答應我在六歲時投身母親子宮，而且必須悄然無聲地來報到，不然，父母親可能選擇不要，這樣我的藍圖規劃的體驗路徑就會改變了，這讓我想到電影《命運規劃局》中的路徑因「愛的堅持」而終成眷屬。

五個多月後，母親才會被醫生告知——懷孕了，之前檢查，醫生依據四十六歲的婦人沒有月經的解釋就是——轉老人，更年期報到。編劇都不可能編得這麼巧，母親最後一顆「老蛋」中了，默默地不張揚，直到大到能生出來（林志玲四十七歲當母親。勇哉！志玲姐姐）此時我五歲多，而大姐準備考高中，中間還有上小學的與準備上初一的，「母親一個人坐客廳哭」，大姐說：當母親得知又懷上的時候，而依然沒有儀器可以測試性別，就只能等待卸貨的那一天揭曉。這等待的幾個月，日子依然向前行，該讀書的讀書（姐姐們），該上班的上班（父親），該放空的放空（我），唯有母親的心是懸著的。

一家七口，在老弟出生後的日子，對父母而言是安心的，因為老派的思維中就是有個帶把的可以正統地傳承血脈了！而我卻開啟了似乎不適應被解除任務的輕鬆感。那時年紀小根本不明白這就是——自由。六歲之後，我就自由了。全家注意力放在這新生男娃娃身上，我也跟著湊熱鬧的開心，根本不明白這個也是自己觀察力突飛猛進的學習階段。原本是一〇〇%的注意，突然降到二十五%，與姐姐們相同，不理解的我，突然將聲音關上，卻開啟了內心的小劇場，似乎只有在想像的世界中，我才能一〇〇%的得到關注，是唯一的主角。而且他人不可能理解這個夢幻泡泡裡的天堂，有著什麼精彩的神話故事。我就在這樣的狀態下，孤僻的長大。

直到老弟到外地讀書，我又再次回到母親身邊跟上跟下的記住每一項老式傳統的節日祭典細節。真是屬於父母又屬於自己的一大練習呀！老弟的責任從來沒少過，而我也繼續當個橋梁，傳遞一些「老派記憶」。

母親過世，老弟不到三十歲，真的太年輕了。他要負責主持一切喪葬事宜，不能落淚地強忍失恃之痛。風光體面的為母親料理最後的一小段路程。

而時光荏苒，歲月不停歇地推著一家人都年過半百了，這件事情也是在書寫過程中，特別感受到，沒有一項事情是意外，成為一家人都是靈魂相約，無論給出的事件、衝擊都是剛剛適合自己的重量，不多不少也一分不減。

大姐活成了人間好婆婆，充滿智慧又幽默，手藝超級專業，完全是專業主廚等級，是家中的美食擔當。

二姐則是人間貴婦，以舞蹈老師之姿成為人人敬愛的好老師；除了自己愛健康動次動次之外，也服務鄰居友人。

而三姐則是正在人生圓夢路上，年輕時想念醫護而身為醫師的父親覺得太辛苦，為病患處理穢物而阻止她，而今她卻是最佳居家照護員。她滿滿的愛心及溫暖可以分享給需要的老人家。

老弟提早退休，可以因睡到自然醒而大笑，真是最美的畫面呀！

而我，有自由且自在，屬於家人、朋友，也屬於自己。而這件事，是在父母都離世後最不敢想的。但人生行經至此，回首來時路，人生都有好幾段美好的歲月；小時候的無憂無慮，直至青春正煩惱的來臨，接著隨著賀爾蒙的激增與逐漸消退，不再為其所困後，才能好好的細數一些美好時光。而今自己落淚的畫面是與父母兄弟姐妹同桌吃飯，父母尚未白髮蒼蒼，而姐姐們貌美青春而老弟年幼活潑。尚且不知天高地厚的我，傻傻地享受著「愛」。

而今，能與姐姐、弟弟一同相聚，就是我人生至樂。

每一項都是談天說地的報告最近發生的趣事：例如在學校怎麼被校長弄到脾臟受傷住院，又是新生寶寶早產在保溫箱中住上兩個星期，或是誰玩比特幣賺了又全梭哈了，而家族的血統，似乎都有一種超能力——轉悲為喜，化苦為樂的能力。對於苦澀與悲情的情緒並不太放大或眷戀，或是捉緊的腦力太弱；還是放過自己不要求完美的人生，是舒服的人生？這部分真的要感謝父母給的放養式教育。在家裡並未說過人生夢想，所以也是屬胸無大志，看老天爺面子給機會的漫漫人生路。父母不給孩子明燈提示，就必須讓每一位孩子自己勇闖天涯，而現在看來這種比放養還要大膽的粗養，還真適合我們這一家人。

四千金一萬兩是我家姐妹與弟弟的代稱。小時候並不覺得這些手足是人生中的資產，但而今，五位手足都已經進入半百的年歲階段。他們是一家子的「我們」，而我則是一個人的「江湖」。許多老派的家務事就是我喜歡的溫柔的承擔。不是因為單身時間多，而是利用這些老家的事兒，與大家聯繫在一起，也因為這聯繫，我也活成了「我們」的這個江湖。

還是，不敢提及，那個事情。

這是後設的想像：一群不再染黑、白髮如雪的姐妹兄弟，一臉皺紋，一口假牙的坐在餐廳用餐，有的是孩子推著輪椅，有的是看護員，所有食物需要軟、爛、糊，但又要營養均衡，不能過燙，也不宜冰，一頓用餐的時間如同法式用餐般四小時起跳。而這一家子出遊，肯定會像韓劇《海岸村恰恰恰》那些老太太坐車出遊，三不五時要找廁所吧！吃飯、出遊都是不容易的情況下，可能會減少見面的次數，減弱大聲吵鬧笑的氣力。而這個真實的相遇，似乎無法用視訊所取代吧！我承認，我愛真實的群眾，我承認我是實際肉體接觸派。

我知道那一天會到來——終將別離。

曾經在某一個夜晚，跟自己玩了一個「夢幻泡泡」的死亡葬禮遊戲。主角是某一位姐姐。才想到這件事的開始，我已經潰堤，淚崩如雨下，無法停止；佛曰：「愛別離」，是人生八苦之一，也可能是最難承受的苦楚吧！而我只想到一點，那種別離的苦及椎心的痛，又如洪水猛獸般向我襲來。對於凡事愛多思多想的我，這種心理建設是否太超前部署了呢？是否因怕離別苦就不愛了嗎？

六歲到七歲的一年時間差，在人生藍圖的劇本中，為何要這麼剛好留下一年的空檔期？是不是讓我有機會自己書寫人生第三幕，為這個部分留下伏筆呢？

我想過在自己拜拜的那天，誰會來接我，誰又會與我相遇？心中有股暖流從心窩流淌過；如果我有所依歸，每一位家人朋友也都是呀（我如此相信著）！那麼，離別的苦就不是限制在愛的心魔啦！而人生藍圖似乎也將這一部分放進去了：無法愛，下世愛，不原諒，下輩子放手，糾纏看不清，轉個彎繞個路再來一次。沒有過錯的人生，不會錯過的場景。

我在想，還可以體驗什麼呢？不用等下一世，在這一齣的第三幕就玩一把，創造新頁吧！

31 最棒的一哩路

朋友圈中，有年輕，有比我年輕一點的，也有差不多同齡的，但年長的朋友們，對於從前的認真與付出，都雲淡風輕的態度，可能也是累了，不想再打怪了，想想有限的時間，還有更重要的事——人生最棒一哩路要學習，放手是終究要發生的呀！

但在之前，有些事關係仍然認真，仍然聚焦在原生家庭給的創傷經驗，或是誰辜負了誰？為什麼現在要子女來承擔年輕時匪類造成的親子陌生感。心中百般不願意，但責任感或是倫理關係又必須聚焦於此。

打怪遊戲很有趣也很熱血。

當怪物的臉是親人時，如父親、家人時，是否還有滿滿戰鬥力？（不知道社會上家庭悲劇的新聞，是不是腦中只是出現打怪遊戲？）一旦認出是親生父母的臉，矛盾就出現了嗎？滿血狀態的戰士，無法施展戰鬥力，選擇下線？生活中許多原生家庭上演著打怪場景，不是父母將小孩當成怪物，就是小孩當父母是怪獸、惡魔，彼此玩得不亦樂乎！

我是在父母親過世後，才意識到與他們的關係是必須要和解。

原生家庭給我許多的愛與支持，因為我是一個「怪小孩」，父母明白，這種小孩必須用說道理的方式讓我明白，不然，反叛的個性會被激起千層浪。追尋自己想要的「什麼」！其實年輕時自己並不明白，只覺得必須離家。勇敢追「夢」，將原生家庭拋得老遠。聚焦在自己的「理想」，而這「理想」，卻是被原生家庭中的每一位家人默默支持著，許多孝親撫養的工作，我參與方式都是以鐘點工的狀態出現，直到我驚覺到快失去父親了，才緩下腳步。直到我成為「成年孤兒」，才聽見「內在小女孩」的孤寂哭聲。村上春樹《舞舞舞》書中寫道：你要做一個不動聲色的大人了，不准情緒化！不准偷偷想念、不准回頭看。突然明白，這就是長大了！無法向外人解釋，因為這種孤寂哭聲龐大得安靜。

羨慕朋友父親或母親尚在世。

特別是可以在臉書上的祈禱文，為住院長輩集氣的文字點滴，在我眼中，滿是「真美好」呀！

喜歡與他們聊天，聽著他們父母的怪異舉止，真好，還有相對物可以觀察、描述、評價、氣噗噗的嘴角吐出字字珍珠，瞪著牛一般的大眼睛，像是要吃下全世界，而我卻陷入了自己的小世界，記憶中的父母。

記憶是可以被重組及美化（或變形）的。

人生有許多問題，而我們也樂於遊走解決問題海洋中而樂此不疲！人生成了一局又一局的打怪現場，何時能升級？等「累」了來到，也就是等「時間」這個大魔王來終止遊戲。

但，我不想。

時間現在對我而言，是寶石、是珍珠，很需要善用，因為所剩有限呀！認真生活的「認真」二字，就是認出真實不虛的部分，然後，好好的充滿生動的能量，呼吸著、活著。認出來哪個部分需要聚焦，就全力以赴聚焦的部分。年少輕狂對情感太執著，認真到可以不要活的地步，那種聚焦後的灼傷心靈的後座力，需要在往後的日子又花大把時間清理它、處理它，與之和好後，或放過它，也是放過自己。

而時間寶石被我用來拼貼、重組我對父母的記憶。任性如我也來到了第三人生的入口，原生家庭給的印痕，也有距離可以重新看待，可以視為禮物了。父母親的攜手到老，情感已不是愛情更超越親情，而是革命情感。大江大海的渡過黑水溝，到寶島成家立業，子孫滿堂，安養到天年離世，當然經歷過矛盾掙扎，夫妻吵架想自殺，但這些都不在我的記憶中，也可能父母生我時已經高齡四十，也不想再把生活中的挫折當成怪獸來打了吧！也或許那時家中經濟條件轉好，少了貧窮就不再衰了？重新編程父母及原生家庭給的記憶，選擇美好的畫面，而非讓自己陷入責怪他們讓自己人生變黑白的元兇。放下了當「受害者」的角色，是我人生重大的決定。當自己的人生現狀沒有人可以當成藉口時，突然解決了好多困惑，例如：父親在老年時，對孩子們的討好，配合到令人討厭的程度，或情緒勒索要我們愛他時，內在底層的呼求是：老了讓人好恐懼，無法安放的焦慮，成為他老人家的焦點。父親沒有準備好老的來臨。這是給我最大的禮物，因為我可以早一點準備，身體健康的，心理快樂的，靈性回歸的。

身體的健康意識在現今社會都提高許多，全面性的健康是除了肉體的部分，也包括飲食、空氣、環境的影響，而心理的部分，快樂成為追求的項目，高壓下的生活，快樂反而是真正健康的某項指標，至於靈魂回歸，這是一項大工程，也是最棒一哩路的主旋律，和解是第一項入門品。

有時自問是身體的疼痛感真實？還是記憶中的創傷真實？身體的不舒適感出現時，通常處理方式是先止痛再去看醫生，交給醫生就好像少了一半的疼痛感。但記憶中的疼痛呢？不知何時，它會出現來抽一下自己的心，好讓自己不要忘記，有時，會痛到心碎，淚流不止！肉體的痛不一定會流淚，但，心痛呢？往往太過真實，想一次再現一次，痛苦一場，直到記憶不再那麼燙，不再具有灼傷的力量。

哪一個真實？是身體的還是記憶中的？身體的可以復原，因為，相信身體擁有自癒力，但心呢？記憶如刀？一次次劃破心，讓心也擁有自癒力？還是相反的效果，削弱心之力量？

終究要和解，放下受害者的苦楚吧！

最近朋友在臉書上分享了看某電視劇中角色不斷開櫃子、關櫃子，只因親人長輩過世，無處安放的破碎感，只能衝動的找個地方將自己藏起來！朋友看到這兒痛苦不已，因為，他也失去親人了。戲劇的情節往往在不經意時，勾住了內在某個角落的小孩，無助的顫抖著，他不能哭，因為長大了，不宜表達失怙失恃後成為孤兒的恐懼。

日常生活繼續前進，直到有一天，以為忘記了的孤兒感，被觸碰而甦醒了！

父親在老年，單獨一人躺在床上午休，某些瞬間會從房間傳來像小牛的悶哭聲，父親又夢見他的爹娘了！孤兒的心情，現在我懂！因為我也在某些夜晚，會突然想起自己是「成年孤兒」，我選擇重組父母給的溫馨畫面，讓美好成為我第三人生的記憶相簿。

與過往種種糾結和解，離開了二元矛盾的人生後，開啟另一人生新篇章，是我目前的規劃（哈！我是這麼努力著）。

最近開始徒步，先從古道開始！

因為要走路，背包裡的每一項物品，都必須精挑細選，不能造成行動上的負擔。人往往以為小小的一個充電器，沒關係，但在四到五小時的路途上，它開始變得千斤重，而隨著時間遞增，體力隨之降減，最後一定要做一個決定：丟還留？

其實這也是真實的人生。留下它，一路辛苦揹著，它不會感謝自己，只會傷背脊。每一個小小負載的記憶，無法讓腳步輕盈，也讓肉體承受不必要的壓力卻不自主。當然，留下它，有千百個理由：如果沒電了可以用、它很貴才買的……，但丟掉，只要一個理由——不要了。

記憶中的負載，終究要和解，最終要放下。

放大小小的好記憶，成為自己生活中的大大的美。

或許，我渴望好不容易來到了現在，可以玩一把創新的人物設定，新角色到來。我衷心期盼著且目不轉睛。

32 阿姨，不想努力了！但可以OOTD！（文譯「今日穿搭」）

可以不要努力了嗎？

台灣已經進入高齡化的時代，不可逃避的倒三角形人口結構圖已然成形。看著許多網站社群開始大量訊息聚焦在戰後嬰兒潮這群大齡人口時，心中不知怎麼地一懍！關於如何食、衣、住、行，娛樂、健康等等，一項項的要求與學習，真是活到老，「學」到老呀！

關於食：吃這件事是人生最大的學習，而且隨著時代一直都在變化中。為什麼要好好吃，因為與健康有關，但意識到要好好「食」時，通常是身體寄出「分手警告信」了！微恙的身體感受，通常會被忽略，直到難受到必須正視它。「食」是累積習慣，而以前那麼吃沒問題，年紀不同，是否「食」要與日俱進呢？「食安」是這十年特別被提出來的意識。特別是「油」，新聞事件讓我們明白「好油」對身體的影響。各種油脂的類型從此也成為這一代人的學習項目。年長者更是要面對改變用油的習慣。有時，就不想努力的回到小時候媽媽們使用的「豬油」、「鵝油」之類的，反而對了！（網路都有「好油」資訊，可以參考。）還有一項，大齡姐姐、哥哥們，也可以放下寡淡的飲食方式，都可以吃，都要吃，聽身體的訊息，有時腦中浮現，就是食物的呼喚！

入秋後，有一陣子特別想念咖哩、洋蔥等黃色食物，於是就去購買食用，然後，與中醫師朋友聊到最近腦中一直浮現的食物，她便大大讚美我與身體的連結好細緻喔！心想，真的只要聽懂身體訊息，真的可以不用那麼去努力照網站訊息的方式

「食」，真省心呀！

我也嘗試許多種身體排毒。或許各類醫療系統不一定說法一致或相互認可。但本人有著「活體實驗」的精神，果汁排毒、阿育吠陀排毒、牧草汁排毒，甚至上新聞的某種排膽汁毒，我都試過（身體到底有多少毒要排呀？），唯一建議是「吃對、吃好、多運動」，最有效。

至於「衣」：穿著打扮也是需要在大齡階段再學習的。首先是身形不同於以前，如果對於審美觀依然用舊式審美眼光看待自己，不是選擇瘦成排骨精，要不就放棄身形的自我照顧。

大齡的我們，仍想有型、仍想美得有風格。OOTD（Outfit of the day）是值得努力一下的。

了解自己的現狀，不論是身形或個性，都有助於找回屬於自己的穿衣風格。或許年輕時，追潮流趕時髦，花費不貲治裝，而今大齡了，不想再花心神在衣著打扮上，可是，為何又一波波的要求這個年齡段的我們，還要衣著得體？現在不是流行「好看的皮囊不如有趣的靈魂」嗎？而且人也活到了有趣的靈魂的階段，怎麼反而要整一下已經不怎麼好看的皮囊呢？妙哉，矛盾的訊息。

衣櫃裡深藏著許多年輕時買了許多，想盡辦法讓自己皮囊更加好看的服裝、鞋子，現在想想，再不用妝點，穿T恤都好看年輕，卻瞎買一些有趣又充滿舞台效果的衣服，是不是因為當時靈魂太蒼白、無趣了？而今來到或許皮囊不怎麼地而靈魂有點意思的現在，反而需要裝飾一下外在了？

衣著其實是一個人內在品味的外在顯現。

有設計感的服飾單價不低，而菜市場的快時尚，怎麼穿，怎麼曝露缺點。身形瘦是優點，可以穿進小 size 的衣服，如同少女時期的S、XS號，能穿進時，還顯沾沾自喜，但年近五十、六十歲，仍然可以穿進去，可能也是頗令人開心，但是精、氣、神已不是少年時，能露出的部分也所剩無幾了。

幾次參與走紅毯的經驗，從可以露手臂、頸部到上胸珠寶盒，到二〇一九年穿起了帥氣的西裝，將全身包緊緊，或許是自己膽小不敢露太多傷害別人視覺，也可能自我身形管理有待加強，但更是「人貴自知」，知道自己的精、氣、神適合怎麼樣的呈現吧！

適合自己的就是時尚，就是美。

願意在這個階段繼續投資自己的「好看」是值得讚揚的，因為口袋要深，腦袋要醒，不再人云亦云，有錢就用錢打扮，少錢就用「醒」著衫。

出門前會站在鏡前看一下服裝儀容，檢查一下身上顏色會不會太多讓自己頭暈、沒有重點。最重要是臉上有沒有喜色。喜孜孜的臉是最好看的顏色。

大聲呼喊許願：設計師呀設計師，拜託請把幾百萬的大齡人口列入設計思維中，將適合又有品味，設計好價格的產品，造福我們吧！

「住」很龐雜，因為無法簡化說明，反而簡而言之。

無論是「老人公寓」、「養生村」、「老友圈」、「三代同堂」……都可以，「感覺好」才是首要的條件。因為「感覺」是平常就需要練習覺察，自在快活的大齡人生，餘生要充滿能量，前提是不要耗能在偽裝開心與討好的生活氛圍中。簡單獨自生活也可以活力滿滿，群居合住依然逍遙自在；「境界」是一種理想狀態，目前都好，是我的追求。

而我練習「都好」的方式，從「我」單獨行動的活力，去尋找夥伴成為「我們」。或許挑戰到慣性，需要配合，那就配合，選擇不做決定，不成為決定者，慢慢會成為新習慣，真心覺得固執，真心覺得挑戰，但也真心覺得「很好」。

「行」是最重要的。

人顯老，先從腿開始。大腿是人的第二顆心臟，行動自如是最顯年齡的。其中這又與「飲食」互為表裡。足夠的活動量，足夠多的肌肉量，足夠多的深呼吸，足夠多的往內看自己的信念為何？例如：不時飄過腦海中「老了」的自我暗示之類的。因為它會出現在我的腦海中，時不時提醒自己有歲數了，不宜冒險，注意安全，我會笑笑的謝謝這份提醒，叛逆的個性是不會乖乖的不行動，反而少量多動，如同少量多餐一樣。將以前一次大量運動，分成小單位的運動量，總結一天，分量是同樣多的。

以前覺得過動的體質會顯得過分擾人，坐不住，待不久，成為愛跳舞與走路的轉化。而現在卻成為隨時隨地都動一下，拉個筋、深個蹲，馬步一會兒。動中帶著感覺，知道自己在提腿，控制肌肉停頓一下，保持著與肌肉骨骼之間友善的連結。

少坐車，多走動，沙發不是好朋友，一定要讓椅子不大舒適，這是我不讓自己懶上沙發的爛招。它無法再讓自己淪陷其中，如同愛情。只因，不想再努力在過多的學習資訊中，其中有許多是變形包裝舊的信念而非真的看見此時大齡的人兒所需要的輕鬆自在。隨心所欲不踰矩是需要長時期的觀察自己，才知道「心」為何物？非「腦」或「植入」的信念。

人間清醒最難得。

此時，陷入的可能不再是沙發？或是愛情？但極有可能是某種形而上的信仰。這個在第三人生的當口，在未知與茫然的死亡後世界，是最需要保持醒覺！現在人生若有追求，只求明白，唯有究竟才能入我心，才能吸引我！心中明白這個階段，有兩件事一定要全力以赴完成：一是創造好玩兒的記憶，留在無法行動時可以在腦中細細品味、慢慢咀嚼，甘甜美味的心魂養分。二是為「死亡」做準備。未知生，焉知死，所以好好生活。當在天堂門口時，守門天使問：有沒有精彩一生？答案當然是：好精彩呀！沒虛度浪費。

食、衣、住、行雖然看似分別四項，而實際一團，圍在心之所嚮往、心之所欲。

不努力了，是這個階段的導航指標，當自己覺得有明確目標時，放下想提起勁兒的瞬間。而這份明白何時有用力感，也是在當下時間對自己做功課，才能感知道的。心安是很容易感受到的指標，例如上教堂、入寺廟、去運動、聽好聽的言語、看看好書，走入大山大水大自然，都會讓我們「心」安靜、平靜。

喜歡「不用努力」了！真心覺得，很可以！

蘇東坡臨終前好友維琳老和尚對其叩耳大聲說：端明宜勿忘西方。

蘇東坡說：西方不無，但個裡著力不得。

同行詩友錢世雄說：固先生平時踐履至此，更需著力。

蘇東坡說：著力即差。

好吧！蘇老師所言甚是。「著力即差」，那就不努力囉！

後語

疫情期間的生活點滴，似乎那些瑣瑣碎碎的小事卻成為自己的日常，甚至是全部時，才認真的用各種方式記錄下來；發現自己人生是有選擇權；可以選擇面向光明面，當然，這就是背向暗黑，心中明白是自己選擇好好善用時光，做自己能掌握的事情，例如：健身運動，可以請教練，也可以自律地保持運動的免錢活動。看書、聽音樂、寫日記，看著每日的天光雲影在窗簾摺子縫隙透著來來去去的游移在大街上的靈魂，偶爾，耳朵傳來轟轟作響的車水馬龍急慌慌躲入密閉空間中狠狠忘記心之吶喚的幽魂娜娜們。

疫情中的禮物是一種重新認識人生、重組的創新遊戲。我是否也且走且不確定的繼續著。

書寫是鼓勵自己的過程，是自己為自己組了一個啦啦隊，似乎也落實了自我實踐了「第三人生」的創作行為。或許「疫情時代」是我的創新重組劇本。逐步落實成為理想的自己。

為自己拍拍手，放煙火。（哈！幼稚，很好。）

疫情中所產生的不順利及挫敗感，使自己重新實現原本生活已經習慣的路徑，工作之於我的價值是那麼全然佔據了每個瞬間，而當一切都被抽空後，碎裂一地的自信是需要一片片拾起，拼貼成另一幅圖畫，即使是如馬賽克般有區塊、有裂痕，而挫折的淚水似乎也成了最佳黏著劑，將碎片彼此依偎，互相支持著每一個細微的自己。

書已完成。它溫暖地與每一位在不順遂中仍努力生活的你相遇。

People

這輩子，演得最好的是自己

金鐘影后王琄開啟人生第三幕的32道幽默守則

2022年5月初版　　定價：新臺幣320元

著者	王琄
叢書編輯	董柏廷
校對	陳佩伶
內文排版	菩薩蠻
封面設計	謝佳穎

出版者	聯經出版事業股份有限公司
地址	新北市汐止區大同路一段369號1樓
叢書編輯電話	(02)86925588轉5388
台北聯經書房	台北市新生南路三段94號
電話	(02)23620308
台中分公司	台中市北區崇德路一段198號
暨門市電話	(04)22312023
台中電子信箱	e-mail：linking2@ms42.hinet.net
郵政劃撥帳戶	第0100559-3號
郵撥電話	(02)23620308
印刷者	文聯彩色製版印刷有限公司
總經銷	聯合發行股份有限公司
發行所	新北市新店區寶橋路235巷6弄6號2樓
電話	(02)29178022

副總編輯	陳逸華
總編輯	涂豐恩
總經理	陳芝宇
社長	羅國俊
發行人	林載爵

行政院新聞局出版事業登記證局版臺業字第0130號

本書如有缺頁，破損，倒裝請寄回台北聯經書房更換。　ISBN 978-957-08-6263-8 (平裝)
聯經網址：www.linkingbooks.com.tw
電子信箱：linking@udngroup.com

國家圖書館出版品預行編目資料

這輩子，演得最好的是自己：金鐘影后王琄開啟人生第三幕的32道幽默守則/王琄著．初版．新北市．聯經．2022年5月．
288面．14.8×21公分（People）
ISBN 978-957-08-6263-8（平裝）

1.CST：王琄 2. CST：台灣傳記

783.3886 111003948